中国非洲研究院文库 · 学术译丛

从竞争迈向合作的中法关系

以中部非洲为例

France et Chine en Afrique centrale:

De la compétition à la coopération ?

[刚果] 纳塔奈尔 · 尼昂比 / 著
(Nathanaël T. NIAMBI)

洪晖　李腊　/ 译

中国社会科学出版社

图字：01－2021－7520 号

图书在版编目（CIP）数据

从竞争迈向合作的中法关系：以中部非洲为例 /（刚果）纳塔奈尔·尼昂比著；洪晖，李腊译．-- 北京：中国社会科学出版社，2024．8．--（中国非洲研究院文库）．-- ISBN 978－7－5227－3999－1

Ⅰ．D822．356．5

中国国家版本馆 CIP 数据核字第 2024GB3776 号

出 版 人　赵剑英
责任编辑　范晨星
责任校对　周　昊
责任印制　李寡寡

出　　版　中国社会科学出版社
社　　址　北京鼓楼西大街甲 158 号
邮　　编　100720
网　　址　http：//www. csspw. cn
发 行 部　010－84083685
门 市 部　010－84029450
经　　销　新华书店及其他书店

印　　刷　北京君升印刷有限公司
装　　订　廊坊市广阳区广增装订厂
版　　次　2024 年 8 月第 1 版
印　　次　2024 年 8 月第 1 次印刷

开　　本　710×1000　1/16
印　　张　8
字　　数　105 千字
定　　价　45.00 元

《中国非洲研究院文库》编委会名单

充分发挥智库作用　助力中非友好合作

——《中国非洲研究院文库总序言》

当前，世界之变、时代之变、历史之变正以前所未有的方式展开。一方面，和平、发展、合作、共赢的历史潮流不可阻挡，人心所向、大势所趋决定了人类前途终归光明。另一方面，恃强凌弱、巧取豪夺、零和博弈等霸权霸道霸凌行径危害深重，和平赤字、发展赤字、治理赤字加重，人类社会面临前所未有的挑战。

作为世界上最大的发展中国家，中国始终是世界和平的建设者、国际秩序的维护者、全球发展的贡献者。非洲是发展中国家最集中的大陆，是维护世界和平、促进全球发展的重要力量之一。在世界又一次站在历史十字路口的关键时刻，中非双方比以往任何时候都更需要加强合作、共克时艰、携手前行，共同推动构建人类命运共同体。

中国和非洲都拥有悠久灿烂的古代文明，都曾走在世界文明的前列，是世界文明百花园的重要成员。双方虽相距万里之遥，但文明交流互鉴的脚步从未停歇。进入21世纪，特别是中共十八大以来，中非文明交流互鉴迈入新阶段。中华文明和非洲文明都孕育和彰显出平等相待、相互尊重、和谐相处等重要理念，深化中非文明互鉴，增强对彼此历史和文明的理解认知，共同讲好中非友好合作故事，为新时代中非友好合作行稳致远汲取历史养分、夯实思想根基。

中国式现代化，是中国共产党领导的社会主义现代化，既有各国现代化的共同特征，更有基于自己国情的中国特色。中国式现代化，深深植根于中华优秀传统文化，体现科学社会主义的先进本质，借鉴吸收一切人类优秀文明成果，代表人类文明进步的发展方向，展现了不同于西方现代化模式的新图景，是一种全新的人类文明形态。中国式现代化的新图景，为包括非洲国家在内的广大发展中国家发展提供了有益参考和借鉴。近年来，非洲在自主可持续发展、联合自强道路上取得了可喜进步，从西方眼中“没有希望的大陆”变成了“充满希望的大陆”，成为“奔跑的雄狮”。非洲各国正在积极探索适合自身国情的发展道路，非洲人民正在为实现《2063年议程》与和平繁荣的“非洲梦”而努力奋斗。中国坚定支持非洲国家探索符合自身国情的发展道路，愿与非洲兄弟共享中国式现代化机遇，在中国全面建设社会主义现代化国家新征程上，以中国的新发展为非洲和世界提供发展新机遇。

中国与非洲传统友谊源远流长，中非历来是命运共同体。中国高度重视发展中非关系，2013年3月，习近平担任国家主席后首次出访就选择了非洲；2018 年 7 月，习近平连任国家主席后首次出访仍然选择了非洲；6 年间，习近平主席先后 4 次踏上非洲大陆，访问坦桑尼亚、南非、塞内加尔等 8 国，向世界表明中国对中非传统友谊倍加珍惜，对非洲和中非关系高度重视。在 2018 年中非合作论坛北京峰会上，习近平主席指出："中非早已结成休戚与共的命运共同体。我们愿同非洲人民心往一处想、劲往一处使，共筑更加紧密的中非命运共同体，为推动构建人类命运共同体树立典范。"2021 年中非合作论坛第八届部长级会议上，习近平主席首次提出了"中非友好合作精神"，即"真诚友好、平等相待，互利共赢、共同发展，主持公道、捍卫正义，顺应时势、开放包容"。这是对中非友好合作丰富内涵的高度概括，是中非双方在争取民族独立和国家解放的历史进程中培育的宝贵财富，是中非双方在发展振兴和团结协作的伟大征程上形成的重要风范，体现了友好、平等、共赢、正义的鲜明特征，是新型国际关系的时代标杆。

随着中非合作蓬勃发展，国际社会对中非关系的关注度不断提高。一方面，震惊于中国在非洲影响力的快速上升；一方面，忧虑于自身在非洲影响力的急速下降，西方国家不时泛起一些肆意抹黑、诋毁中非关系的奇谈怪论，诸如"新殖民主义论""资源争夺论""中国债务陷阱论"等，给发展中非关系带来一定程度的干扰。在此背景下，学术界加强对非洲和中非关系的研究，及时推出相关研究成果，提升中非双方的国际话语权，展示中非务实合作的丰硕成果，客观积极地反映中非关系良好发展，向世界发出中国声音，显得日益紧迫和重要。

以习近平新时代中国特色社会主义思想为指导，中国社会科学院努力建设马克思主义理论阵地，发挥为党和国家决策服务的思想库作用，努力为构建中国特色哲学社会科学学科体系、学术体系、话语体系作出新的更大贡献，不断增强我国哲学社会科学的国际影响力。中国社会科学院西亚非洲研究所是遵照毛泽东主席指示成立的区域性研究机构，长期致力于非洲问题和中非关系研究，基础研究和应用研究双轮驱动，融合发展。

以西亚非洲研究所为主体于2019年4月成立的中国非洲研究院，是习近平主席在中非合作论坛北京峰会上宣布的加强中非人文交流行动的重要举措。自西亚非洲研究所及至中国非洲研究院成立以来，出版和发表了大量论文、专著和研究报告，为国家决策部门提供了大量咨询报告，在国内外的影响力不断扩大。遵照习近平主席致中国非洲研究院成立贺信精神，中国非洲研究院的宗旨是：汇聚中非学术智库资源，深化中非文明互鉴，加强中非治国理政和发展经验交流，为中非和中非同其他各方的合作集思广益、建言献策，为中非携手推进"一带一路"高质量发展、共同建设面向未来的中非全面战略合作伙伴关系、构筑更加紧密的中非命运共同体提供智力支持和人才支撑。

中国非洲研究院有四大功能：一是发挥交流平台作用，密切中非学术交往。办好三大讲坛、三大论坛、三大会议。三大讲坛包括"非洲讲坛""中国讲坛""大使讲坛"，三大论坛包括“非洲留学生论坛”“中非学术翻译论坛”“大航海时代与21世纪海峡两岸学术论坛”，三大会议包括“中非文明对话大会”“《（新编）中国通史》和《非洲通史（多卷本）》比较研究国际研讨会”“中国非洲研究年会”。二是发挥研究基地作用，聚焦共建“一带一路”。开展中非合作研究，对中非共同关注的重大问题和热点问题进行跟踪研究，定期发布研究课题及其成果。三是发挥人才高地作用，培养高端专业人才。开展学历学位教育，实施中非学者互访项目，扶持青年学者和培养高端专业人才。四是发挥传播窗口作用，讲好中非友好故事。办好中国非洲研究院微信公众号，办好中英文中国非洲研究院网站，创办多语种《中国非洲学刊》。

为贯彻落实习近平主席的贺信精神，更好汇聚中非学术智库资源，团结非洲学者，引领中国非洲研究队伍提高学术水平和创新能力，推动相关非洲学科融合发展，推出精品力作，同时重视加强学术道德建设，中国非洲研究院面向全国非洲研究学界，坚持立足中国，放眼世界，特设“中国非洲研究院文库”。“中国非洲研究院文库”坚持精品导向，由相关部门领导与专家学者组成的编辑委员会遴选非洲研究及中非关系研究的相关成果，并统一组织出版。文库下设五大系列丛书：“学术著作”系列重在推动学科建设和学科发展，反映非洲发展问题、发展道路及中非合作等某一学科领域的系统性专题研究或国别研究成果；“学术译丛”系列主要把非洲学者以及其他方学者有关非洲问题研究的学术著作翻译成中文出版，特别注重全面反映非洲本土学者的学术水平、学术观点和对自身发展问题的见识；“智库报告”系列以中非关系为研究主线，中非各领域合作、国别双边关系及中国与其他国际角色在非洲的互动关系为支撑，客观、准确、翔实地反映中非合作的现状，为新时代中非关系顺利发展提供对策建议；“研究论丛”系列基于国际格局新变化、中国特色社会主义进入新时代，集结中国专家学者研究非洲政治、经济、安全、社会发展等方面的重大问题和非洲国际关系的创新性学术论文，具有基础性、系统性和标志性研究成果的特点；“年鉴”系列是连续出版的资料性文献，分中英文两种版本，设有“重要文献”“热点聚焦”“专题特稿”“研究综述”“新书选介”“学刊简介”“学术机构”“学术动态”“数据统计”“年度大事”等栏目，系统汇集每年度非洲研究的新观点、新动态、新成果。

期待中国的非洲研究和非洲的中国研究在中国非洲研究院成立新的历史起点上，凝聚国内研究力量，联合非洲各国专家学者，开拓进取，勇于创新，不断推进我国的非洲研究和非洲的中国研究以及中非关系研究，从而更好地服务于中非高质量共建“一带一路”，助力新时代中非友好合作全面深入发展，推动构建更加紧密的中非命运共同体。

中国非洲研究院
2023 年 7 月

目　录

特别致辞

谨将此书献给我的父亲和母亲——安德烈·尼昂比与玛丽-阿德里安娜·恩库马·尼昂比夫妇，以及我的爱人多洛蕾丝·布阿西蒙博，感谢你们对我一如既往的信任，我的成功永远属于你们。

致　谢

衷心感谢对我的研究工作给予指导和帮助的华中师范大学政治与国际关系学院全体教师以及工作在世界各地的研究人员。特别感谢香港浸会大学的让－皮埃尔·卡贝斯坦教授、刚果布拉柴维尔马里安·恩古瓦比大学的库利巴利·亚库巴博士和帕特里斯·蒙扎博士。另外，我还想向两位了不起的女性——路易斯和乔治致以诚挚的谢意，她们从一开始就以自己的方式支持我的研究和写作。最后，向所有曾经以各种方式为本书创作提供帮助的人致以深深的敬意。在我生命中这段最不平静的日子里，你们所给予的巨大帮助和支持难以用语言表达。

纳塔奈尔·T. 尼昂比博士

前　　言

进入21世纪以来，中非关系呈现出以发展、对抗霸权、合作等为主要特征的复杂景象。客观而言，对于仍在蹒跚学步，一心谋求发展的非洲各国而言，中华人民共和国带来的是实实在在的帮助。在全球化日益加深的时代，风险和挑战错综复杂。各方为了寻求在非洲的主导权所引发的摩擦与对抗在不经意间真实地展现在我们面前。

非洲大陆面临新的抉择，我们比以往任何时候都更需要实地开展考察研究，但也需要像纳塔奈尔·尼昂比这样的年轻刚果学者所做的理论分析。他采用定性分析的方法，用事实将非洲大陆与新老合作伙伴之间不断演变的复杂关系清楚地揭示出来。书中提出了两个变量：合作与竞争。从这两个维度出发，本书探讨了发生在法国、中国和九个中部非洲国家之间的、同时涉及双边和三边的互动关系，这九个国家分别是加蓬、刚果共和国、刚果民主共和国、圣多美和普林西比、乍得、赤道几内亚、安哥拉、喀麦隆和中非共和国。

我相信，作者一定是受到了中法两国在 2015 年签署的《中法关于第三方市场合作联合声明的启发》。这项当年两国为推动在非洲大陆开展国际合作而达成的协议如今已渐渐淡出人们的视线，但在过去几年中还是有大量的会议和文章在围绕这一主题展开讨论，大家都想弄清楚两国在非洲的互动关系是否真的发生了质的转变。如果转变真的发生，又是什么原因导致这两个行为体在中部非洲的互动关系从竞争转向了合作？而非洲国家又应该如何借助这种类型的合作使自己摆脱贫困？为了回答这些问题，作者采用了三种研究方法，包括文献研究、比较分析，以及遵循约翰·克雷斯威尔（John W. Cresswell）模型提出的定性研究方案。全书文笔简洁，逻辑顺畅。不难看出，作者的调查研究分为四个关键步骤。首先是尝试证明中法两国在中部非洲存在着竞争与合作的互动关系。其次，从竞争和合作的变量出发，在两个维度上详细对比了两国的互动情况。再其次，解读了目前掌握的大量相关数据。最后，思考了中法互动关系下中部非洲各国面临的处境和应当发挥的作用。

我个人完全同意中国和法国在非洲只可能成为竞争对手的观点。这项研究让我认识到，相信对其他读者也一样，这两个国家的竞争与合作关系在过去十年中不断演变。这种范式的转变虽然可以预见，但仍是前所未有的，因为中国和法国正致力于追求相同的目标，相同的利益会使他们成为竞争对手而不是敌人。这也许是两国最近开展合作的原因。法国有经验，中国有资金，所以两国继续在拥有市场和原材料的非洲大陆寻找合作机会。从 2013 年到 2018 年，中法两国政府一方面在尝试拉近距离，寻找平衡，只是效果还不明显。从政府角度出发，双方渴望更多合作，但企业，只有在确保营利的情况下才会跟进国家政策。

最后，我唯一感到遗憾的是作者的分析没有完全以非洲大陆为轴心展开。尽管如此，对于任何一位想了解事情背后真相的读者来说，这项研究的重要性丝毫不受影响。本书只是一个开端，就像所有学术工作一样，它的目的是为其他研究者带来灵感，打开新的思考窗口。来自非洲的学者和研究非洲的学者都可以沿着它所建立的思维框架继续前行。另外，我也同意作者向政治家和其他国际关系参与者提出的建议，这九个中部非洲国家应继续与中国和法国分别开展合作。他们需要考虑的三方合作应该建立在非洲各国、非洲各区域和非洲大陆三个层面之间。只有更多地让法国和中国处于竞争状态，非洲才能充分利用外部力量带来的好处。当代人和子孙后代要走的路将是漫长的，像本书这样由非洲人完成的关于非洲的研究越多，就越能让我们看清形势，在策略上不断推陈出新，从容应对愈发严峻的全球逆境。

刚果布拉柴维尔马里安·恩古瓦比大学高级讲师
帕特里斯·蒙扎博士

第一章

引　言

开篇之问：法国、非洲与中国之间是否存在值得我们认真对待的三边互动关系？

眼下这个问题在欧洲、非洲和亚洲三地政治学界引发了广泛讨论。在21世纪的今天，日益加深的全球化席卷世界，由此催生了三方合作的概念。上述问题中提到的两个主要行为体已经正式表达了合作的意愿。2015年6月，时任国务院总理李克强对法国进行了国事访问，其间与法国总理曼努埃尔·瓦尔斯（Mannuel Valls）签署了一项关于中法两国开展第三方市场合作的联合声明。这种类型的合作关系在两国外交史上尚属首次。自去殖民化运动（1847—1976）和万隆会议（1955年）以来，竞争一直是双方外交关系的主基调。2016年11月15日，法国信托储蓄银行的子公司国际资本投资公司和中国投资有限责任公司共同筹资3亿美元设立投资基金，用于开展对非洲和亚洲地区的投资。时任法国经济和财政部长的米歇尔·萨潘（Michel

Sapin）和到访的中国国务院副总理马凯共同见证了该基金的签字仪式，双方预计到2020年基金规模将达到20亿欧元。这是围绕中法非三方特殊关系的第二个引人注目的细节，由此也引发了一系列专家学者的热烈讨论以及各种文章和著作的发表。然而，正如本书前文所言，中国和法国在非洲大陆的互动关系并非总是如田园诗般美好，在实现这一和解前，中法两国间的关系被认为以竞争为主。

许多研究者在中法非三方合作，尤其是在关于他们之间的双边关系问题上仍然存在分歧。首先，有人认为中国和法国永远不会成为真正的合作伙伴，两国在非关系实现从竞争到合作的实质性转变的机会渺茫，因为双方可能都把自己的利益放在优先于对方的位置。正如法国国家科学研究中心研究主任、中非关系问题专家蒂埃里·佩罗（Thierry Pairault）所言，我们看到的是一种拼凑出来的三方合作关系，各方之间实际上存在着不少分歧。

其次，也有人认为中国和法国应该从非洲利益大局出发开展合作。在不久的将来，非洲大陆很可能成为世界上最大的外国直接投资目的地。因此三方都可以在这一新的外交关系势头中相互受益。法国信托储蓄银行国际资本投资公司总裁罗朗·维吉尔（Laurent Vigier）就同意这一观点："中法基金开创了一种新型合作关系，它的融资规模高达3亿美元，未来将会推动两国的经贸合作，使两国在非洲成为合作投资的伙伴，而不再在非洲正面竞争。"

合作首先发生在两方之间，然后才会有三方合作，这是在回答本研究论题之前必须阐明的一个基本逻辑。尽管中国—法国—非洲之间的三边关系是近年来才出现的新现象，相关的文献还谈不上很丰富，但许多研究人员已经就法国—非洲或中国—非洲之间的双边关系写过大量的文章。这些研究工作主要沿着两个相反的方向展开，一个视角是竞争的视角，另一个视角是分别研究非洲与这两个国家之间的合作。总体思路是将法国和中国设定为在非洲的两个对立方，说明两个国家有在当地扩大主导权或维持主导地位的需要。（包括以下学者：René Lemarchand，1986；Philippe Hugon，2008；Tanguy Struye de Swielande，2010；Julien Bokilo Lossayi，2011；Jean Jacques Gabas and Jean Raphaël，2012）。中国的到来引起了一众学者的关注，也由此引发了对法国在非洲前景的研究。（如：Yves Goumin，2009；François Gomis，2014；Roland Louvel，1994；Stephanie Hessel，1970；Jean-Emmanuel Pondi，2002；Deborah Brautigam，2009；Jean-Pierre Cabestan，2013；Yun Sun，2014；He Wenping，2014...）。

1970—2014 年有多项相关学术研究成果问世，对中法非三方合作的关注是一个比较新的现象。在这之前发表的所有著作都只是研究双边关系，分别探讨竞争或合作，还没有哪一本书同时探讨过这两个概念，并说清楚哪一个更能真实地反映三方之间的关系。在三方合作的背景下，三个大陆之间的互动关系也在不断加强，由此引发了对多个开放性问题的思考。

随着三方合作逐年深化，我们决定着手开展相关领域的研究。法国总统埃马纽埃尔·马克龙不久前对中国的访问也可以作为分析的案例。我们将从两国之间的竞争与合作关系入手，了解这种关系的转变究竟是如何发生的。相比双边关系，三边关系往往容易被人忽略，我们希望能为这一领域的研究做出微薄的贡献。在全球化时代，各国之间的交往比以往任何时候都更加紧密，调查了解南北国家即发展中国家与发达国家之间的互动关系显得尤为重要。不管对学术界还是对政界而言，这都是必不可少的基础性研究。

本研究既为现有数据文献提供了学术增量，同时也是对研究方法的一种改进（Chris Alden，2017；Stahl Anna ，Chris Alden，2017；Stahl Anna Katharina，2017...）。本研究的主要目的在于采用新的方法，探究竞争和合作这两个变量如何在当下影响中法非三方关系。

竞争和合作框架下的伙伴关系

不少研究者断言，非洲将在 21 世纪经历深刻的变化。这一时期的变化首先将影响到与非洲各国开展政治和经济合作的国家，比如法国和中国。前者被看作非洲的传统合作方，后者经常被描述为新到的一方。两者之一在非洲势力的增强会改变该地区的权力平衡。因此，我们的研究将侧重于法国影响力最大的地区，即中部非洲。2013—2015 年是法国和中国之间频繁产生利益交集的时期，竞争与合作两个变量出现了转换。我们想要阐述的正是这种现象。首先，我们将确定这两个趋势变量在经济、政治、军事、文化和卫生方面对中非地区产生的影响。其次，我们会尝试界定政府和其他参与者在这一过程中发挥的作用，并提供更多的细节来说明他们打算发展的双边或三边关系的性质。这一分析对于改善中部非洲国家与中法两国之间的合作环境非常重要，因为仍有许多经济、政治和地缘战略方面的因素在制约着各方之间的合作。归根结底，最关键的问题还是非洲自身的问题。对于本研究涉及的中非各国，充分利用外部资源才是它们面临的最大挑战。本研究的重要性体现在三个方面：首先，它能使我们对北南关系和南南关系有一个更清晰的认识。在全球范围内，国家边界的可渗透性正在成为当下国际政治讨论的重要议题。中国提出了将亚洲、欧洲和非洲连接起来的“一带一路”宏伟蓝图，可以看做是对这一议题的完美诠释。未来几年，北方和南方国家之间的各项交往将迅速增长。随之而来的外交热也将迅速蔓延到所有欠发达国家、发展中国家和发达国家，在这些方面开展全方位研究的必要性也愈加凸显。其次，我们的研究可以作为所有年轻学者和政治学家开展进一步研究的工具，帮助他们加深了解中法非之间的互动关系。围绕本研究论题的讨论和辩论目前还很不成熟，因为这三个行为体之间的合作还处在不断发展的进程中。从这个角度出发，我们认为本研究可为尚在构建中的相关文献库做出相应的贡献。最后，在学术研究领域之外，我们的工作还可以为非洲的外交官和各国政府提供关于发展三边关系的新思路。他们当前尚且缺少此类合作的经验，也因此常常在21世纪的非洲国家外交政策制定过程中暴露出某种不适应。我们希望这项研究能够为整个非洲大陆提供适合其发展道路的解决方案。

动态形成中的文献

在宗教信仰虔诚的非洲人心目中，中国往往被描绘成一个遥远、神秘的国家。应该承认，无论在人类发展的哪个阶段，也无论是在什么地方，有些偏见确实根深蒂固。人们对他人的第一印象往往来自对自我的定位。虽然西方基督教中传说的龙源自魔鬼的化身，是一种代表末日的怪兽，但是它在亚洲的形象却是大相径庭。在中国，龙是生命力和权力的象征。这些关于宗教的说法表面上看似脱离了本书的主题，但它或多或少反映了近20年来人们对中国在非洲的形象进行研究时所采取的方法。其中大多数都比我们想象的更缺乏客观性，因为这些研究者一直在往相反的方向努力，只强调个人的主观感受。我们读过很多作者根据自己对中国的好恶撰写的或反华或亲华的出版物，里面或多或少都带有一定程度的偏见。不管是作家、哲学家、科学家还是一国之君，都会在公共场合表个态，谈谈中国正在日益增长的重要性。大家一定都还记得拿破仑·波拿巴（Napolean Bonaparte）曾经说过的那句名言："当中国觉醒之时，世界将为之颤抖。"1973年阿兰·佩雷菲特（Alam Peyrefitle）

还以这句话为标题写了一本关于中国的书。伴随着全球化发展对国际地缘政治面貌的不断改变，一股中国热也在持续增长。我们发现了大量与本研究目标相关的数据源，本研究参考的书籍、杂志 、报纸、研讨会发言及其他纸质版或电子版文献也都涉及跨国范围。事实上，许多学者都在关注、探索和阐述亚洲、非洲和欧洲之间的关系。此外，2009 年以来，中国在非洲的活动已经成为国际关系研究的一个重要领域。因此，我们把来自中国、非洲、法国和世界其他地区的学者划分为三个主要研究群体。

首先，来自中国的高水平学者，包括贺文萍、李安山、刘鸿武、王洪一、汪段泳、杨立华、李荣、刘海方等人。其次，非洲学者包括 Julien Bokilo，Etanislas Ngodi，Ali Abdulla Ali，Waris Oyesina Ali，Sanusha Naidu，Elizabeth Sidiropoulos，Adama Gaye，Ian Taylor 等人。再次，专门研究中非关系的法国学者，如 Thierry Pairault，Xavier Aurégan，Jean-Pierre Cabestan，François Lafargue，Jean Raphaël Chaponnière，Jean Jacques Gabas 等人。最后，还有一些西方学者也对该领域的研究产生过重要影响，如克里斯·奥尔登（Chris Alden），黛博拉·布劳蒂加姆（Deborah Brautigam）等人。这些名字中的大多数或多或少都与我们的研究课题相关。事实上，正是在这些学者的启发下，我们才逐渐产生了对 21 世纪国际合作与三方合作关系开展研究的兴趣。

在中国学者贺文萍教授看来，中国选择长期耕耘非洲大陆有两方面的原因，一是中国可以向非洲市场提供价格低廉的产品，二是可以用服务换取自然资源。这就是为什么法国等西方国家一直指责中国掠夺非洲大陆的原材料并在非洲推行新殖民主义。他们认为中国以“不干涉内政”的外交政策为借口，支持那些不尊重所谓“民主”和“人权”的“流氓国家”。尽管中国在短短 60 年的时间里一跃成为非洲最大的贸易伙伴，但中国仍需要加深对非洲各国的了解，这一认知上的空白完全可以通过与其他已经在非洲活跃多年的外国伙伴开展合作来加以填补。虽然中国人和非洲人之间要达成相互理解并非易事，但把注意力局限在这两个行为体上也是不明智的做法。中国和欧洲之间不必要的竞争应该被合作所取代，这样才能更好地应对未来的各种挑战。2016 年在北京举办了“新时期中国在非洲利益的拓展与维护”研讨会，贺文萍在会上指出，包括中国、法国和非洲在内的三方合作并不是中国政府议程上的优先事项。但中国政府不会放过这个向法国学习的机会，毕竟有许多非洲国家在历史上都曾经是法属殖民地。近十年来中法之间的频繁外交互访也证明了这一点。贺文萍认为，总体而言，非洲的经济安全和政治安全应该被视为一个不可分割的整体，这也是两个大国选择合作的原因。在不久的将来，法国很可能凭借在该地区的军事经验和经济影响力成为中国对非洲发展计划中的关键因素。

2012 年，中非合作论坛第五届部长级会议召开，李安山、刘海方、潘华琼、曾爱平和贺文萍等中国学者从这一思路出发撰写了一份报告，全面评估中非合作论坛第一个十年取得的成就。这项研究的目的在于厘清中非合作论坛的起源、参与机构和程序、机制、成就、不足之处和可持续性等方面的问题。专家们达成的共识是必须加强中国、欧洲和其他国家之间关于非洲的多边合作。中国可以发挥自己的专长，与国际经济合作发展组织以及各相关国家的外交部、商务部、专业组织、民间组织和智库等开展多方合作，获取信息。中国和非洲国家也应该改进中非合作论坛的制度框架，让私营部门和民间社团有更多参与决策的机会。

在非洲学者中，塞内加尔著名记者阿达马·盖伊（Adama Gaye）是较早研究中非关系的学者之一。他解析了中国和非洲这两个发展中经济体之间的异同，就中国的命运与其在非洲大陆的愿景提出了一些很有意思的见解。鉴于中国不愿意过多介入非洲国家的国内政治，盖伊得出结论说，中国也是一个追求自身国家利益的大国，尽管中国声称要与非洲建立真正的平等伙伴关系，但中国与非洲不可能成为可靠的合作伙伴。双方合作的机会当然存在，但这些合作绝非出于慈善目的。在这一过程中，非洲更像一只把头埋在地下的鸵鸟，忘记了身体其他部位可能正面临任人宰割的境地。

美国约翰·霍普金斯大学的黛博拉·布劳蒂加姆是西方国家的代表性学者。在一次国际会议的辩论中，她的观点与盖伊针锋相对，表示更倾向于支持中国留在非洲，完全否定了盖伊关于中国不可靠的断言。自 1978 年以来，中国国家领导人曾多次访问非洲大陆，其中包括：李先念（1979），赵紫阳（1982，1983），李鹏（1984，1997，1999，2001），杨尚昆（1992），江泽民（1996，2000，2002年），朱镕基（2002）等。众所周知，中国即使是在开始推行改革开放政策后也从未放弃过非洲大陆。当西方国家不再对非洲的基础设施建设做出投入后，中国人在这里架起了桥梁，修起了水电站、港口、高速公路和铁路。事实上，所有这些投资建设都不是一蹴而就的。布劳蒂加姆教授也承认中国人不是慈善家，但中国官员总是基于互惠互利的原则制定对非援助方案。

从以上分析可以看出学者们在中非关系的问题上观点迥异，一定程度上包含了对竞争与合作关系的不同理解。布劳蒂加姆还认为，中国人并非盲目行事，他们很清楚在潜在冲突地区开采石油的风险，始终强调要确保中国公民在重要投资地区的安全。中国不会在非洲大陆推动所谓“民主化”，但政治稳定和繁荣的非洲大陆能确保中国利益的安全。综上所述，中国并非某些人口中的“流氓捐助国”，大多数人对中国在非洲图谋不轨的担心完全是由误导产生的。实际上，传统捐助国对非洲的援助和干预程度远大于中国在非洲的投资规模。虽然有人担心中国以出口商品的战略摧毁非洲的制造业，但以目前非洲在中国进出口贸易整体中只占4%的分量，远未达到影响中国对外战略的程度。中国人并不了解非洲人的发展道路，非洲国家应该自主选择脱贫之路。布劳蒂加姆强调指出，中国减贫经验的重点不在于提供援助，而在于对历史经验的分享，中国也不会采用家长制的做法对其他国家指手画脚，而是强调通过小规模尝试创造新的机遇。

一条通往合作的道路豁然出现在我们的面前。在这个问题上，关键是要结合过去与现实来谈变化。刚果学者朱利安·博基罗的研究重点是从历史的维度解析中国、非洲与包括法国在内的非洲传统伙伴国之间的关系。他在《中国在非洲——中国与非洲的传统伙伴国和金砖国家之间的竞争》一书中针对以下问题做了全面的阐述：作为非洲大陆曾经的伙伴和前殖民宗主国，法国会与中国在非洲开展合作吗？最近，他还重点分析了第三世界国家对中国和法国这些大国的依赖机制。博基罗以刚果共和国为例，探讨了这类合作的战略机制。两国为了维护各自的经济利益会采用特殊的行为准则来处理双边关系。总体来看，刚果对法国的依赖要大于其对中国的依赖。把这种依赖放在一个竞争环境中就会发现，如果刚果降低对中国的依赖，则会造成两个外来国家之间的紧张关系。在这种情况下，只要非洲拿不出自己的对外合作政策，双方的合作关系就不可能建立在真诚的基础上，也不能创造出足够的机遇。毋庸置疑，非洲人需要更多技术和知识转让以实现独立自主。如果这一点得不到保证，非洲大陆仍存在发生直接对抗的风险，因为中国和法国都不愿意退出中部非洲这个足以取代中东的重要资源产地。

香港浸会大学中国问题专家让-皮埃尔·卡贝斯坦认为，三角关系可以在一定程度上发挥作用。尽管中国和法国常常被认为是在非洲相互竞争的经济和政治对手，但自 2013 年以来，两国已经展现出更明确的合作意愿。他解释了出现这一和解的原因，列举了新倡议实施过程中可能受到限制的几个方面，并强调了目前法国和中国开展合作的领域，其中有许多都在中部非洲地区。安全、政治和社会方面的诸多挑战最终将迫使法国和中国联手合作，但要实现两国企业与各自政府之间的同步并非易事。卡贝斯坦教授依然对此心存疑虑，不相信政府有能力将各方力量团结起来，最终实现共同的目标。两国签署关于第三方市场的联合声明标志着一个新阶段的开始，但是非洲人不会忘记历史，让一个曾经的殖民者和一个正在崛起的大国一起携手开发非洲市场，这真的是个好主意吗？卡贝斯坦教授身为杰出的汉学家，一直致力于研究中国在世界各地的外交政策。他曾经对 20 世纪 90 年代以来中国对外关系的演变做过深入细致的研究，揭示出中国努力实现石油和天然气供应的能源安全机制。在他看来，中国主要是围绕合作、围堵和争夺控制权这几个方面处理与欧盟和其他发展中国家的关系。作为结论，他认为中国未来仍将继续保持世界第二大经济体的地位，但同时他也强调指出，为了做到这一点，中国离不开与其他国家的合作。

在本研究领域，关于中国、法国与非洲三边关系的工作报告、学术成果和文章中有很大一部分来自法国。巴黎社会科学高等学院的蒂埃里・佩罗教授和布劳蒂加姆教授的观点一致，他在一次采访中针对一些报纸把中国在非洲的活动描述为“入侵”的说法提出了批评，因为众所周知中国在非洲的投资只占它在全球范围对外直接投资的0.2%，根本没有达到那些媒体夸张的程度。佩罗教授强调指出，关于“三方合作”概念的倡议目前还都处在酝酿阶段。例如原来预计2016年在西非国家塞内加尔首都达喀尔举行的三方政治峰会被推迟，至今未能举行。中法两国元首后来都发表正式声明，表示双方在制定共同议程方面依然面临重重困难。佩罗教授不相信这件事存在某种巧合，这个例子只能说明法国和中国仍在致力于寻求真正的多边协议，来满足各自在非洲的利益需求。

我们的出发点是希望突出中非国家的视角，因此重点关注了伊恩·泰勒的研究。他是撒哈拉以南地区国际关系领域最有影响力的学者之一，曾经撰文指出中国在非洲石油市场的地位正在不断提高。他认为中国的石油外交主要有两个目标，一是确保短期内的石油供应，以满足中国日益增长的国内需求，二是从长期来看，要使中国成为国际石油市场的全球参与者。泰勒对中国和欧洲国家之间围绕石油的竞争做了详细分析，他的研究主要探讨东西方对峙对非洲石油生产国的利弊影响。最后，他认为西方国家无端指责中国不干预非洲内政的做法将造成越来越多的专制和腐败现象。无论如何，中国人根本不会在意这些西方国家在人权问题方面的说法，因为历史已经充分证明，过去殖民非洲大陆的是欧洲人而不是亚洲人。泰勒建议，应该由非洲国家领导人自己来决定是否允许中国参与非洲各国石油工业的开放进程。

最后，关于中国和作为欧盟成员国的法国之间的关系究竟是竞争还是合作这一问题，在我们的研究中仍然存在一些未解的疑惑。以上知名学者都分别从两个不同维度探讨问题。尽管在过去的十年中，他们中也有人从三方关系的视角将这些国家放在一起比较，但研究结果依旧存在一些不足，主要原因在于该主题比较新颖，相关信息一直在不断更新。上述作者和其他研究者提出了一些重要的问题，也提供了有益的答案和有力的论据。只是在我们看来，他们对合作和竞争的界定依然不够清楚，而且他们研究的是非洲的总体情况，而我们更希望关注一个特定的区域。考虑到两个外来国家的行为和决策将会对非洲法语国家产生决定性的影响，我们的研究还是有着自身的重要意义。

研究目标和问题

本研究的主要目标是为了厘清中国、法国和中非国家之间三方关系的性质。这种三方关系从竞争和合作这两个主要变量的角度切入，目的在于分析和比较这两个方面中哪一个占主导地位。但我们的工作又不仅于此，因为我们的目的也是想弄清楚在过去几年中这种从竞争向合作的转变究竟是如何发生的：

——分析中国和法国在中部非洲开展的外交互动关系本质；

——解读各种历史、经济、政治、军事、地缘战略和文化领域发生的大事，探讨其中涉及竞争与合作的成分；

——思考这种关系对非洲大陆的积极和消极影响；

——提出解决方案来改善这种三边合作关系。

我们的研究将围绕两个主要问题和五个次要问题展开：

主要问题

——为什么法国和中国在中部非洲的互动关系会从竞争转向合作？

——这些非洲国家想通过扩大与法国和中国的合作实现哪些目标？

次要问题

——中部非洲的国际竞争是如何开展的？

——为什么法国和中国会在非洲产生竞争？

——中部非洲的国际合作是如何开展的？

——为什么法国和中国现在决定合作？

——中部非洲国家如何利用这种三边合作来解决贫困和失业问题并开启真正的经济发展进程？

探讨这些问题是最终形成结论必不可少的一个环节。首先我们将分别针对中国和法国在中部非洲的竞争与合作进行分析和描述，然后把这两种现象联系起来，探讨揭示两个大国如何实现竞争向合作的转变。最后我们将思考这一变化在长期和短期内的重要意义，它意味着成功还是失败？如果是成功，这种三方关系未来在非洲会如何演变？如果是失败，它又会对非洲大陆产生什么样的影响？

研究方法

为了回答以上问题，我们必须制定详细的研究计划。科学界和学术界存在着许多研究方法。在本书中我们没有局限于一种研究方法，而是采用了三种不同的方法，因为我们认为这是适合本研究的最优方案。

首先，我们将采用比较法开展第一部分研究。本书所进行的比较研究主要从国际关系角度切入，使研究者能够衡量多个国际关系主体在某些变量上呈现出的相似性和差异性。在本研究中，一切都将围绕多个行为体之间的竞争和合作展开。我们将在不同领域进行比较以从中得出结论。这与琳达·汉特雷（Linda Hantrais）和马纳根·斯士（Managen Steen）对比较研究方法下的定义完全一致，他们认为比较研究就是尝试在两个或多个国家针对特定问题或现象开展研究，目的是使用相同的研究方法对这些问题或现象在不同社会文化背景下的表现进行比较。也正是基于这个原因我们选择了国际比较的研究方法，目的在于强调经济、政治、历史等不同领域之间的对应关系和差别。

其次，在本研究的其余部分，我们将采用文献分析的方法，因为我们没有足够的经费进行实地考察。尽管到一些目标国家去实地走访可能会更有收获，我们也可以流利使用这些地区通行的三种语言，但最终还是选择了文献分析法，因为世界各地的研究人员早已搜集了大量信息，这些数据都可以供我们使用。我们将对现有针对同一主题的文章和著作提供的信息开展研究。希望这种方法不仅有助于探讨和解决本研究涉及的问题，同时也可以引发一些思考，激励其他研究者后续开展更偏重实证的分析研究。

最后，我们还制定了一个定性分析的研究计划，因为本书的标题是以问题的形式展现，而不是对一个事实的肯定或确认，也就是说，我们更想探究的是问题的“原因”，因此本书的最后两部分更偏重观点的阐述。希望读者不要把它和定量分析相混淆，后者是指那些基于数字或统计数据完成的著述或研究，而定性研究，顾名思义，更多是指对论题的属性开展研究，它可以帮助研究者深入探索一个现象，准确观察不同的行为体和一个问题的各种不同参数，最终未必要构建出某一研究的假说。

为了弄清楚这种在社会科学中常见方法的设计思路，我们参考了美国教育心理学家约翰·克雷斯威尔（John W. Cresswell）所著《研究设计与写作指导：定性、定量与混合研究的路径》一书的第三版。作者在书中比较了三种社科研究方法，即定量、定性和混合方法（前两种数据收集方法的结合），并针对这三种研究方法提出了一套很有价值的理论。他认为定性研究是指在自然环境中进行的，需要研究者自己采集数据的研究方法。这种新出现的研究设计采用多种数据采集方法，基于参与者的价值判断，通常采用理论视角，具有归纳性和解释性特征，是一种集体主义的方法论。

简而言之，我们将同时采用比较法、文献分析法和定性分析这三种研究方法，带来更多关于中国、法国和中非国家三方关系的细节。我们将借助多种调查方法来描述、解释和探讨与本研究主题相关的各个方面。也正是在这种情况下我们决定在2018 年 10 月至 12 月期间通过电子邮件对一些中国与非洲问题专家进行了采访。其中包括香港浸会大学的让 - 皮埃尔 · 卡贝斯坦教授和刚果布拉柴维尔马里安 · 恩古瓦比大学的帕特里斯 · 蒙扎博士，他们都欣然同意接受采访并就一份简短的清单回答了一些与本研究相关的问题。

研究范围

本书标题已经说明了研究涉及的各方行为体。事实上，本研究将同时聚焦于三个大陆，也就是法国所在的欧洲，中国所在的亚洲和中部非洲。因为涉及多个非洲国家，我们认为有必要对这个本研究范围内最重要的地理空间进行准确的划定。根据联合国统计机构的数据，中部非洲包括 9 个国家，分别为安哥拉（罗安达）、喀麦隆（雅温得）、加蓬（利伯维尔）、赤道几内亚（马拉博）、中非共和国（班吉）、刚果民主共和国（金沙萨）、刚果共和国（布拉柴维尔）、乍得（恩贾梅纳）和圣多美和普林西比（圣多美）。

为了提高研究的效率，我们还会根据需要将一些邻近的国家纳入研究范围，了解法国和中国之间的竞争和合作对这些国家产生了哪些影响。

第二章

中国与法国在中部非洲的竞争与合作

第一节　双方的竞争

早在 1955 年举行的万隆会议上，中国就公开谴责了殖民主义和帝国主义的行径，这可以看作是中国与法国关系最初开始交恶，可见两国之间最初的对抗关系始于历史的层面。在当时冷战的背景下，一些南方国家既没有加入苏联的共产主义集团，也没有选择加入美国为首的资本主义圈子，而是走上了不结盟运动的道路。由于中国支持一些法国的前殖民地，如突尼斯、摩洛哥和阿尔及利亚争取民族独立，于是间接成为法国在实现国际霸权道路上的绊脚石。在这方面，毛泽东倡导的基于和平共处五项原则的外交政策在当时取得了巨大成功，甚至被载入 1963 年发表的《非洲统一组织宪章》。多年来，国际政治格局风云变幻，已经从最初的两极过渡到单极，最后又在 21 世纪进入到多极化状态。

与此同时，中国和法国之间的关系也在不断发展演变。正如法国著名记者埃里克·伊兹拉雷维奇（Erik Izraelewicz）在一项研究中所言，中国已经成为法国在非洲活动的一个密切相关的变量。然而，中法之间的竞争显然超越了以往单纯的外交框架，出现在了多个部门。但出于研究范围的考虑，我们的讨论将局限于经济、政治和文化等三个领域，用来说明两个国家在中部非洲展开的竞争情况。

一　经济领域

通过对中非国家的案例分析，我们发现中法关系不断呈现竞争与合作变化的一个重要领域是经济领域。需要澄清的一点是，对中法经济范式的研究不应该简单局限在经济事务本身。换句话说，这种经济上的竞争有时也会涉及地缘经济、外交，甚至可能涉及其他领域。从这一多元背景的角度出发，有些研究者表示法国正在失去中部非洲地区，还有些人的观点没那么悲观，认为法国只是在回撤。专家们的态度表达了一种不确定性，他们指出2000—2011年，法国在整个撒哈拉以南非洲国家的市场份额从10.1%下降到4.7%，与此同时，随着中国企业的增多，法国公司的影响力在显著减弱。

我们发现，在分析与竞争相关的经济表现时，最佳的方法是将其分解为不同的产业部门，就像两位法国记者塞尔日·米歇尔（Serge Michel）和米歇尔·博雷（Michel Beuret）在《中国的非洲：中国正在征服黑色大陆》一书中所言："如果中法之间在非洲确实存在竞争，那么竞争一定涉及基础设施建设和能源部门。"不过，我们还是扩大了研究范围，纳入了其他 3 个部门，最终包括石油开采、公共基础设施建设、企业管理、贸易往来、货币结算体系 5 个部门。

石油开采

早有专家指出，中国在非洲开展的经济活动基于两大主要逻辑：一方面是为中国产品寻找市场，另一方面更重要的是寻找石油、矿产和其他原材料。法国和中国在中部非洲产生利益冲突一点都不令人意外，毕竟这个地区有不止一个产油国。根据半岛电视台 2016 年所做的一份非洲自然资源分布图，非洲大陆的石油储备占据了重要的位置，大约占了全球总储量的 9.5% 和总产量的 11.5%。中国已经从 2000 年占比 29% 的全球第八大石油进口国一跃成为今天的第一大石油进口国，这让中国理所当然地将目光投向了非洲大陆。中部非洲的安哥拉、乍得、喀麦隆、刚果共和国和加蓬都是非洲重要的石油生产国。除了石油，这些国家还蕴藏着丰富的其他自然资源，例如同属该地区的中非共和国、刚果民主共和国就是重要的钻石产地。

2018 年特朗普领导下的美国政府对华挑起贸易摩擦，这是促使中国继续建立多元稳定的供应来源和战略石油储备制度的一大重要原因。中部非洲与几内亚湾也因此成为中国在非洲大陆寻找石油的备选方案之一。然而，即使中国最终在这个石油资源丰富的地区成功落脚，这个过程也不一定会一帆风顺。事实上，法国是中部非洲各国的传统合作伙伴，拥有诸如埃尔夫石油公司这样的大型跨国企业，长期以来一直在该地区一手遮天。中国人也很清楚如果与法国企业正面对抗很难取胜，于是制定了与法国公司展开竞争的多种战略。

目前，有多家中国的跨国公司和小型公司在中部非洲从事各种经营活动，但就算今天也很难准确统计出所有在非洲开展经营的中国企业总数，因为有太多人响应中国政府的号召，在“走出去”政策的指导下到国外去寻找发财致富的机会。在谈到中非贸易关系活跃程度时，人们经常引用的数字往往与中国进口非洲石油的情况密切相关：比如 1995 年中国从非洲进口的石油占其总需求量的 9%，到 2008 年这一比例就上升到了 35%，而同一时期中国的石油消费总量也几乎翻了三倍。涉及非洲石油开发的中国公司主要有三家：中国石油化工股份有限公司；中国海洋石油集团有限公司和中国石油天然气集团有限公司。伊恩·泰勒在研究中指出了上述三家中国企业在当地发挥的重要作用。早在 1995 年中国就已经开始着手建立一个真正的对外石油经济体系。

我们的分析前提是这三家中国的国有企业确实贯彻了国家战略，以便从西方国家公司控制的大型油田资源中分得一杯羹。比利时鲁汶天主教大学的唐吉·斯特鲁伊·思维兰德（Tanguy Struye de Swielande）教授认为，中国企业要想克服这一障碍，只有三个选项：

第一，重新谈定合同条款，使它有利于中国公司；

第二，收购非洲当地公司的股份；

第三，收购外国公司，进入非洲市场。

首先，按照伊恩·泰勒的说法，这也是中国政府为了立足中部非洲而制定的石油外交战略的一部分。从这些国家独立以来，法国就在当地占据绝对的优势。2004 年道达尔加蓬公司与中石化建立合作关系，开发加蓬的石油资源。2005 年安哥拉接受了中国政府提供的 20 亿美元贷款。2006 年 3 月中国又增加了 10 亿美元贷款。值得一提的是，中石化参与了收购安哥拉国家石油公司油田项目，在超过 14 亿美元的总投资中占比 40%。

以上例子说明中国政府从一开始就毫不犹豫地投入巨资参与非洲市场的石油资源竞争。正如伦敦政治经济学院的克里斯·阿尔登（Chris Alden）教授所言，面对中国公司的攻城略地，法国跨国公司毫无还手之力，只能眼睁睁地看着对手安营扎寨，他们的合同数量也随着中国企业的增加日益减少。

其次，法国公司的这些损失都是中方“一揽子交易”策略造成的直接后果。这种做法在很大程度上代表了中国国有跨国企业的实力。在招标过程中，中国公司的报价往往比法国企业低 30% 甚至 50%。除了从国内带来员工以降低成本外，中国公司还推出了捆绑式报价。这意味着，对于每个承包项目，不是仅仅开采一口油井或一个矿，而是包括建造一条高速公路、一座桥梁和一家炼油厂在内的“一揽子交易”。在涉及大型合同时，中国企业还会以免费建造体育场馆来换取交易，有时候还有国家相关部委在背后提供帮助，最后这些一揽子项目都统一由中国进出口银行负责管理。

我们以安哥拉为例来说明这一点。安哥拉是一个石油生产国，它完美地展现了法国和中国之间在中部非洲因石油资源而产生的国际竞争关系。正如我们刚才提到的，非洲国家需要基础设施建设，而中国提出以原材料作为交换，来帮助非洲国家填补这一空白。安哥拉便毫不犹豫地接受了这个解决方案，因为当时它正在努力走出长期内战带来的阴影。事实上，2004 年中国以石油开发合同为交换条件向安哥拉政府提供了 20 亿美元的贷款，一举取代国际货币基金组织和其他传统出资国。日本贸易振兴机构亚洲经济研究所（IDE－JETRO）在一份报告中指出，2004 年年底安哥拉政府因法尔科内军火案报复法国，迫使道达尔公司退出部分石油开采项目，两个月后中石化便成功拿下了安哥拉的海上石油开采业务。

最后，可以肯定的是，进入 21 世纪后，道达尔公司没能挡住中国跨国公司的脚步，失去了在中部非洲的部分业务。此后，道达尔公司面对这种被它认为是不公平的新型竞争频频抗议，因为它在大部分开展经营活动的非洲国家也面临越来越大的困难。2009 年 9 月 10 日，中国国家主席胡锦涛接见了来访的中非共和国总统弗朗索瓦·博齐泽（François Bozizé）。此前中国已向中非共和国提供了 440 万欧元贷款用于修建医院和学校，这对后来中国石油天然气集团公司在该国东北部博罗马塔取得研究、开发和开采石油的许可证发挥了重要作用。2013 年 3 月 24 日弗朗索瓦·博齐泽（Françcais Bozizé）在政变中被推翻下台，他在政变前后的多次公开声明都暗示，“当我把石油给了中国人，这就成了问题”，从中足以看出中法两国在中非石油市场明争暗斗的竞争关系。

公共基础设施建设

从北到南，从东到西，非洲各国的城市都在潜移默化中发生蜕变，有些变化慢一点，另外一些变化快一点。我们在上面的分析中已经提到，石油部门与公共基础建设工程部门之间的关系密不可分。事实上，中国企业为了获得当地的自然资源，在大部分项目中都间接通过公共基础设施建设来实施投标。公共基础设施建设由此成为重要的战略部门，对中方来说，公共基础设施建设和石油公司之间的界限有时非常微妙。我们会很自然地想到，中国建筑企业的到来一定会与法国企业之间形成竞争的局面。看看在布拉柴维尔、罗安达、恩贾梅纳、金沙萨等地不断拔地而起的体育场、总统府、桥梁、学校、港口、公路、铁路，得出这样的结论并不是什么难事。在最近的一次采访中，黛博拉·布劳蒂加姆强调，在讨论中非关系时，应该记住三个数字：80 亿—100 亿美元的发展援助，400 亿美元的股权投资和每年 700 亿美元的公共基础设施建设合同。

在把分析重点重新转向中部非洲之前，应该指出，尽管受到中国在该领域日益增长的影响带动，法国的主要建筑企业，如布伊格、万喜、埃法日等，重回非洲建筑市场参与竞争的时间相对较晚。1989 年 11 月 8 日柏林墙倒塌后，这些法国公司更倾向于将东欧国家作为第一大国际市场。21 世纪初法国在建筑行业处于遥遥领先的位置，紧随其后的是日本和一些欧洲国家。在全球225个主要建筑企业中，虽然中国公司的排名还相当靠后，但已经在快马加鞭地不断缩小差距。中国公司把在非洲的国际化发展当作进入西方国家市场前的一个实践，只用了很短的时间就从法国手中夺取了工程建筑大国的头把交椅。

根据法国国际企业家联合会一份关于世界主要工程建筑领先国家营业额排名的调查报告，中国已从2008年的第三位上升到现在的第一位，年营业额高达597亿欧元，而法国在2013年就已失去了头把交椅，目前以373亿欧元的年营业额保持第二的位置。这些座次的变化部分要归功于中国在非洲建筑市场取得的成就。事实上，"在过去的五六年里，中国已经赢得了大多数重大公共基础设施建设合同的招标，以至于现在像布依格这些西方建筑巨头们干脆懒得费事参与竞标，因为跟中国的报价一比根本就没有获胜的机会。"我们认为，中国建筑集团或中国铁道建筑集团在中非地区的吸引力已经超过了法国公司，主要有两个原因，一是建筑成本低，二是有意引导的结果。

首先，中国人以其快速的施工和低于法国私营企业的价格闻名，而法国公司又不可能把所有施工需要的人工都带到非洲大陆。早在2013年，法国参议员雅尼·洛尔如（Jeanny Lorgeoux）和让-玛丽·博盖尔（Jean-Marie Bockel）就断言，中国企业很快就会赢得90%的非洲建筑市场，这让法国人产生了越来越大的挫折感。除了在投标中出低价的做法外，法国方面还经常指责中国人先想方设法进入当地市场参与竞争，站住脚后就开始“搞倾销”。

为了说明公共基础设施建设领域的这种竞争，我们用加蓬体育场馆的建设项目作为例子。早在 2010 年，加蓬曾经委托两家法国公司负责改造奥马尔邦戈多功能体育中心和弗朗斯维尔体育场，另外将安贡杰体育场的建设项目授予了中国上海建工集团，该场馆将用于 2012 年举办的非洲国家杯足球比赛。到了 2017 年还是在加蓬举办同一赛事，虽然法国是加蓬第一大经济和贸易伙伴，但两家法国公司这次却意外地没有中标场馆建设项目。让蒂尔港体育场的建设项目被中国建设集团获得，而奥耶姆体育场项目则授予了上海建工集团。这个典型案例的背后是中国企业采用了联合体竞标的方式参与竞争并最终完胜法资公司。

其次，中国企业还用信息引导的方式在非洲大显身手，将法国公司排挤出局。这种战术策略最早源于《孙子兵法》，具体做法是用各种传播手段影响公众舆论，目的是在经济竞争中维护自身利益。大量信息通过各种渠道到处传播。

在我们的案例中，中部非洲国家在印象中普遍认为中国是一个了不起的建筑大国，大家谈到的往往都是中国的长城、鳞次栉比的新摩天大楼和立交桥，政治家们也认为把一个建筑项目委托给中国人就能放心地等着很快竣工，从而为选举活动造势或者满足城市的迫切需求。结果当一栋高楼只用了一年就拔地而起时，当地人的心里满满都是惊喜和自豪，交口称赞中国人又完成了一项奇迹。接下来消息迅速传遍整个地区，在新的招标项目中这又会影响到领导人的决策。最后只要一提到工程建筑，大家首先想到的就是中国人，然后才是法国人。但是事实上，在中非地区有不少建筑工程其实是中方企业与法国公司共同合作完成的（我们将在合作部分再讨论这个话题）。

佩罗教授用2008年开工建设的刚果布拉柴维尔的玛雅—玛雅机场项目说明了这种信息引导现象的存在。他根据对刚果（布）正威技术有限公司总经理王立钧和副总经理郭永新的采访写了一篇文章，这家建筑公司隶属于山东本地企业威海国际。之前有媒体说中国企业独自修建了玛雅—玛雅机场，但实际上中方只是建了机场的航站楼，其他主要工程都是法国企业在负责建造或经营管理。因此，佩罗在文章的前言中写道：

> 尽管我们现在已经无从知晓每个参与施工企业所占的具体合同金额，但玛雅—玛雅机场工程项目这个故事被讲述的方式很有象征意义。可以肯定的是，中国公司只负责该机场航站楼的建设，负责监理的是一家法国工程咨询公司，参与工程管理的还有法国里昂—圣埃克苏佩里机场。涉及技术的部分，比如为空客A380这样的大型运输飞机设计跑道的项目被委托给了法国万喜集团的刚果子公司。该机场于2011年被出让给法国与刚果合营的AERCO公司经营，为期25年，其中法国爱集思工程咨询集团和马赛机场共同持股55%，刚果政府占股15%，另外还有两个刚果私人股

> 东持股30%。以上说明的这些事实在很大程度上降低了中国公司在该机场建设项目中所起的作用，提醒我们法国公司在非洲建筑市场的重要性，甚至可以说是法国政府参与的重要性，因为爱集思集团股权中有75%的股份是由法国国有的储蓄信托银行持有。

最后还要强调一点，在非洲大陆经营的中国企业之间往往维持着一种强大的互助关系。虽然不同企业之间总是存在一定的竞争，但事实证明，他们的爱国意识往往能够压倒面对利润时的诱惑，这对于战略联盟的普遍形成有很大帮助。中国对外承包工程商会是这方面一个很好的例子。“这家半官方的机构就拥有一支多达500人的市场研究团队。”最终我们可以看到，中法企业在进入非洲市场时在策略运用上产生了差别，一方面中国国有企业采用抱团取暖的方式占领市场，另一方面法国的私营公司靠着单打独斗节节败退。以至于现在法国公司也开始倾向于团结合作，以应对来自中国企业的竞争。

商业经营

目前中国是非洲大陆第一大贸易伙伴，大部分中国商品在非洲市场的占有率名列前茅，2021年双边贸易总额高达2542亿美元。2015年法国以700亿美元退居第二，美国以530亿美元位居第三。法国公司有可能重新赢回非洲市场吗？这个问题的提出很有现实意义，因为法国政府似乎下定决心要采用新的策略支持本国企业重新夺回非洲市场。最近几年，虽然法国企业和政府一直保持着一种疏远的关系，但似乎现在也在考虑采用一种法国式的中国经营模式。前法国总统府秘书，也是前外长于贝尔·韦德里讷（Hubert Védrine）在2013年12月4日“爱丽舍宫非洲和平与安全峰会”举办前提交的一份研究报告中清楚地指出，中国已经成为在包括中部非洲在内的整个非洲大陆对法国经济影响力最大的“威胁”，面对这种潜在风险需要制定新的战略。

> 现在在非洲大陆开展竞争的平均成本要比世界其他地区高20%，原因是运输和物流的出口成本更高以及非洲地区政局不稳。法国企业为了保住优势地位，只能投入与中国竞争对手相当的金钱和人力资源，或者找到更有优势的差异化经营办法。

巴黎一大的管理学讲师瓦莱丽·波讷（Valérie Paone）用列表的方式比较了法国和中国公司在非洲开展经营的各自优势，指出了双方之间的相似点和区别。首先，两国都需要开拓海外市场，因为从长远来看，只专注国内市场是存在风险的，无论是哪个国家，经济增长都离不开自然资源的消耗。其次，中国企业在投资能力、劳动力和产能等方面比法国更有优势，而法国公司更有经验，在高科技方面更先进。尽管存在各种内部和外部问题，中国公司还是成功地在几个方面取代了法国公司的地位，因为它们更注重团结合作，而且大部分企业都得到了国家的资金支持。在中国，外交政策和金融市场之间存在一种相互关联，共生共荣的关系。

对2000—2009年世界银行在非洲大陆资助项目的分析也表明，中国公司拿下的项目占比达40%，法国公司只得到了其中15%的份额。这也是法国企业雇主协会主席皮埃尔·加塔兹（Pierre Gattaz）一直在呼吁法国企业应该齐心协力，放弃家长式的做派和法国式的傲慢，真诚面对合作伙伴的原因。加塔兹的观点很有代表性，他甚至在发言中使用了“双赢”一词，明确指出未来的合作一定会使法国，特别是使非洲国家充分受益。

总之，法国公司今后打算采用差异化经营来应对中国的竞争企业，不再追求完成项目的数量，而是要靠提高工程质量取胜，同时力争让包含私企和国企在内的各经营单位做到步调一致，努力恢复法国昔日在中非法语国家的辉煌。

贸易往来

根据法国海关总署提供的统计数字，我们可以大体了解到2000—2010年法国公司在撒哈拉以南非洲市场份额的变化情况。2000年这一比例还保持在16%，到了2010年就下降到了10%以下。这表明法非贸易伙伴关系的势头在21世纪初有所减弱。尽管没有证据表明法国份额的下降与中国有直接关系，但如果看看中国在这十年间的快速崛起，这对我们的思考还是有一些启发意义，毕竟这十年间在所有非洲国家都可以观察到法国市场份额不断下降的现象。

不仅如此，我们还可以从这些市场份额的变化中再次看到中法两国在对非洲出口方面的激烈竞争，特别是在中部非洲的法语国家市场上。在这方面，中国同样处于领先的位置。2015年法国对中非国家的出口额达到290亿欧元，表现还算可圈可点，但法国人已经明显感受到了中国企业的威胁。以非洲法郎区为例，法国的市场份额从1985年的34%降至2015年的12%，而中国所占的比例从2%上升到20%。法国企业市场份额的流失与中国在非洲日益巩固的地位密切相关，毕竟中国企业在非洲的数量已经高达2500家。

以上分析表明，中国对中非地区的出口已经全面赶超法国，其成功的秘诀就在于中国的商品更适合非洲当地的客户，这是法国公司没能及时发现的一个方面。中国企业的方法很简单：以低廉的价格销售产品，迅速出清手中的商品。非洲国家当然也有少数客户有能力购买奢侈品，但中产阶级更愿意选择便宜的商品，它们可能不太耐用，但可以让这些人暂时忘掉昂贵的法国产品。此外，中国企业会利用遍布非洲各地的海外华人建立起一张张非正式的分销网络，而法国人只会端坐在象牙塔中静观这一切在眼前发生。对此，国际贸易专业联合会主席艾蒂安·沃歇（Étienne Vauchez）的观点还不算太悲观，他指出法国人最大的错误就在于不了解非洲消费市场的实际情况和变化。

从2003年到2015年，法国的出口商品在中非地区的市场份额从26.3%下降到10.4%。尽管法国国际企业家联合会发布的报告显示，法国的销售额最近几年也有所增长，但中国的市场份额在从2009年的36.9%增加到2015年的57.6%后，又继续拉开了与法国的差距。来自法国出口信用保险公司的鲁本·尼扎尔（Buben Nizard）提供了另一个更新的数字，表明法国在非洲的出口市场份额已从之前的11%减半至2017年的5%。这一现象在法语国家更明显，已从之前的25%萎缩到2017年的12%。另一方面，他也指出，从2001年到2017年，中国在非洲的市场份额已经从2%增加到18%，涉及除农业以外的所有领域。还有一个领域可以为我们提供更新的证据，说明法国和中国在非洲的国际经济竞争关系，这就是中部非洲的货币结算体系。

货币结算体系

虽然货币问题超出了本研究范围，但我们还是有必要关注一个靠近中非地区的国家，也是非洲大陆的第一大经济体尼日利亚。2018年，尼日利亚决定将人民币列为第二大贸易结算货币，主要目的是减少汇兑的损失和风险，从中可以看出中国和非洲传统贸易伙伴之间在货币领域的竞争。值得注意的是，截至2008年年底，中国的外汇储备已经达到1.9万亿美元，足以比肩国际货币基金组织和世界银行。目前中国在国际货币体系中取得的进步还不显著，但从长远来看有必要认真对待。国际货币基金组织此前决定将人民币纳入特别取款权的一篮子货币，这让不少非洲国家领导人感到彻底放了心，今后他们会更加重视人民币在非洲的地位，因为双方的经济关系正在年复一年地不断发展。

2018年5月在津巴布韦首都哈拉雷举办了一次国际经济论

坛，可以看作是国际货币基金组织上述决定带来的成果之一。作为东部和南部非洲宏观经济和金融管理研究组织的成员国，安哥拉也参加了此次会议。它同时也是中非国家，而且已经在2015年将人民币列为第二大贸易结算货币。2018年，中国在上海推出了一套可以用人民币计价购买石油的支付系统，安哥拉由此成为第一个使用这项服务的非洲国家。安哥拉原来是葡萄牙的殖民地，它选择人民币作为贸易结算货币将直接影响到美元的使用，而且这很可能会在该地区带动一个新的趋势。与拥有本国货币的安哥拉不同，中非地区的前法国殖民地，如喀麦隆、加蓬、刚果共和国、乍得、中非共和国以及赤道几内亚等国家使用的是一种由法国财政部创造并控制的共同货币——非洲金融合作法郎（以下简称非洲法郎[①]）。

非洲法郎是中非经济货币共同体成员国使用的统一货币，1945年12月25日根据戴高乐将军签发的一项法令创建，其原则是基于法国货币的影响力让区内大多数国家的经济继续依附于法国经济。近年来，这项货币制度安排引发了非洲青年的强烈抗议，他们认为非洲金融共同体法郎是殖民时代遗留的产物，已经严重阻碍了该地区经济的发展，而且对相关国家的主权构成了伤害。换句话说，这些国家的金融体系在很大程度上是依附于法国政府，而且非洲法郎也直接与欧元挂钩。

考虑到法国的货币影响力可能成为中国人民币国际化战略

① 译者注：严格来说，非洲法郎包括西非经济货币联盟国家使用的非洲金融共同体法郎（简称西非法郎）和中非经济货币共同体国家使用的非洲金融合作法郎（简称中非法郎），此处的非洲法郎实际上是指中非法郎。

的阻力，我们有必要对这一背景展开分析，因为中国的想法是缩小人民币与美元、欧元和日元的差距，简单来说就是要在中部非洲地区实现三个目标：

——提高人民币的国际化程度；

——通过鼓励非洲国家使用人民币来促进货币交易；

——避开法国财政部的控制与国际货币基金组织和世界银行制定的汇兑限制。

我们以刚果共和国为例加以说明，通过它可以了解到其他使用非洲法郎的国家情况。朱利安·博基罗在《中国与刚果：扎根战略与对非洲发展的影响》一书中指出：

> 法国与刚果签署的货币合作协议非常重要，因为从理论上来讲，非洲法郎与法国法郎（现在换成了欧元）之间比价的任何变化都将自动对刚果经济产生直接影响。刚果与其他国家之间的资金转移都要通过法国财政部进行，因为它是非洲法郎区的一个成员国。

中国在刚果首都布拉柴维尔新成立了一家银行——中刚非洲银行（BSCA），刚好可以用来说明上述货币协议的重要性已经受到了削弱。这家银行 2018 年 4 月 10 日正式成立，但在 2017 年就已经开始营业。中国农业银行（ABC）在其中的持股份额占 50%。从中刚非洲银行的名称可以看出，它作为中国在非洲的第一家合资金融机构，希望服务于整个中非货币共同体地区，并在包括所有使用非洲法郎的国家在内的整个法郎区货币格局中发挥更重要的作用。简单来说，中非国家的民众现在可以享受更自由更便捷的货币兑换服务，不需要经过欧元直接就可以用非洲法郎兑换外币。这证明法国和中国在中部非洲的国际外汇交易方面产生了新的竞争关系。虽然这种竞争还很有限，但中国追求的目标是逐步降低法国货币对非洲客户的影响。

面对已经开始行动的中国人，法国必须要做的是向非洲国家保证非洲法郎的稳定性。然而，中国对扩大使用人民币范围的建议对非洲国家更有吸引力，因为这有利于非洲加强跟中国合作伙伴开展业务。这就解释了为什么刚果共和国会在 2016 年萨苏总统的一次对华国事访问中安排与中国开启货币合作谈判，其实目的就在于最终实现非洲法郎与人民币之间的汇兑。由于刚果是中部非洲货币共同体的成员国，必须和所有成员国一样遵守区域经济组织制定的规则，这个货币合作谈判的结果能否最终生效还有待观察。

二　政治领域

正如上面分析所指出的，中非地区在经济方面对法国和中国具有同等重要的战略意义。如果失去了这一地区几个产油国的资源，两国的经济发展或多或少都将受到影响。在这场经济竞争中，双方政治家都在为确保私营和国有企业的最佳利益化而博弈。我们认为这种政治上的影响会与经济方面的影响同步产生，因为不管是现在还是将来，尽管中国热的趋势越来越明显，但非洲官员普遍与法方交好，法国企业在中部非洲依然可以在很大程度上确保获得最佳商业机会。这就是为什么我们有必要关注一下中法两国政府最近在中非地区和周边国家的互动情况。

中国是在非洲不惜花费大量精力和金钱的新参与者，但通过传播中国的国际愿景来压缩法国的势力范围并非中国唯一的目标。法国格勒诺布尔政治学院教授弗兰克·佩蒂维尔（Frank Petiteville）指出：

> 作为法国外交部门的客户，非洲各国可以给法国带来好处，具体而言就是通过联合国范围内的各种投票博弈来保住法国的安理会常任理事国的优势，通过决议的表决扩大法国对国际事务的影响，保证它不会因为核试验或在太平洋以及印度洋地区久拖不决的去殖民化问题受到各国的批评。更广泛地说，通过非洲大陆来形成以法语国家组织、法郎区和法非峰会为代表的法国势力范围，当然也包括通过欧盟的外交行动，为促进法国外交的长期影响力发挥重要的作用。

非洲大陆的 54 个国家都是联合国的成员国，它们的声音已经让中国在某些情况下成功阻挠了包括法国在内的大国提案。同样，非洲国家也把中国视为可以用来否决欧洲提案的选项。

比如在哥本哈根峰会和在里斯本召开的欧盟—非盟峰会上，一些非洲国家就断然拒绝了欧洲国家提出的经济合作协议。而中国也可以在国际事务中得到非洲的支持。

法国在非洲的外交政策需要改变，以弥补它面对中国的国际大国地位日益上升时被不断拉大的差距。在2017年8月29日的一次公开讲话中，马克龙总统明确表示希望与非洲法语国家实现关系现代化。面对全体法国驻外大使，他表示世界的未来将取决于非洲，所以法国有必要设立一个“总统非洲事务委员会”。这项决定也许是法国仿效中国设置在非机构的开始，因为中国早就设立了一些机构和职位，专门负责处理中非关系事务。中国的国务院管辖着多个负责制定中国对非洲政策的国家部委，其中最重要的两个部门是中国外交部和中国商务部，中国外交部还设立了中非合作论坛秘书处和一名中国非洲特使。法国方面负责处理法国和非洲贸易事务的两个主要机构分别是经济合作与法郎区中央基金（现已改称法国发展署）和对外合作部，但它们基本没有决策权力。马克龙总统提议创建的是由拥有法国和非洲国籍的年轻企业家组成的游说团，虽然他们对法国的忠诚度明显存在争议，但相比原来的法国总统非洲事务办公室有着更开放的新视角，必定有利于法国的对非政策。马克龙的这一做法主要是为了抹去人们对“法国势力范围”“狩猎场”这些说法的记忆。中非地区的大多数年轻人现在正变得越来越对法国充满敌意，原因就在于法国那段不光彩的殖民历史，但更重要的还在于法国干预非洲国家内政的传统。仅举一个例子就足以说明这一切：2011 年，在法国等西方势力的干预下，利比亚前领导人卡扎菲最终被推翻下台，利比亚也从此陷入了一片混乱。

如果说上面谈到的都是细枝末节，那么从最近两国元首的外出访问则可以看出一些端倪。我们大胆地相信，中国国家主席习近平和法国总统马克龙对非洲的一系列访问有着意味深长的含义。法国已经意识到自己正在多个领域的外交斗争中逐渐败给中国，尽管它借助长期的殖民历史和深度介入非洲国家事务打下了坚实的基础，但在非洲国家独立后法国的政治影响力早已大不如前。这也是为什么法国雇主协会建议法国政府应该定期开展对非洲国家的高层访问，以加大法国在非洲的存在感，让人们了解法国在非洲的各种行动，宣传法国企业的优势和商业环境的价值。虽然经济和政治分属不同领域，但法国雇主协会的想法很简单，就是要借助法国外交官的力量推动一场新的经济外交，捍卫法国公司的利益。

马克龙总统于 2017 年 11 月 27 日开启了任内首次对布基纳法索、科特迪瓦和加纳等国的访问。在这次访问中，马克龙表明了自己与几位前任相比稍显清晰的对非关系立场。他承认了法国在殖民非洲期间犯下的错误，希望非洲的年轻一代要更多着眼于未来，他的外交战略建立在我们称之为“动态青年关系”的基础上。当他在布基纳法索首都瓦加杜古面对 800 多名大学生发表重要讲话时，其观点与雇主协会主席加塔兹的说法如出一辙。他希望与非洲国家建立倡导平等而非“教师爷”对学生的关系，听起来有些类似中国提倡的相互尊重和互不干涉原则。可以肯定的是，法国外交政策的这种变化与法国正在制定的一项战略在时间上高度吻合，这一战略目标就是要追赶 2000 年以来被中国通过中非合作论坛等举措拉开的差距。

2018 年 3 月 17 日习近平再次当选中国国家主席后重申了对非洲大陆的关注。之所以用“重申”这个词，是因为他在 2013 年曾对坦桑尼亚、南非和刚果共和国等三国开展了首次非洲之旅。2018 年 7 月 21 日，中国国家主席习近平开始了第二次非洲之旅。与之前的第一次访非行程相似，他先后到访了塞内加尔和卢旺达，最后在南非参加了最近举行的金砖国家峰会。虽然此次中国领导人没有踏足中非国家，但塞内加尔作为西部非洲较有影响力的法语国家，仍然与法国保持着密切的关系，所以很难说这次访问目的地的安排是否是一个巧合。要知道，在北非、东非和南非之后，中国希望继续加强在非洲大陆中部的影响力，而这里原本是法国文化深度根植的地方。对此，中国国家主席习近平的讲话毫不隐讳：“我们因为共同的利益紧密联系在一起，加强与非洲国家的团结是中国外交政策的一个重要基础。”因此，这一系列战略访问的目的主要在于提高中国在非洲大陆的软实力，弱化法国在非洲的影响，当然也包括其他欧洲国家、美国和印度等国的软实力。

除了连续访问以外，我们还应该关注中国—非洲峰会发挥的作用，它是中国外交政策应对法国外交政策的一个重要抓手。由于中国在非洲的成就受到各路媒体和学术界的广泛关注，有时我们会忽略1973年由法国前总统乔治·蓬皮杜倡议设立的法国—非洲峰会。它与中非合作论坛的机制一样，也是在法国和非洲法语国家之间轮流举办。但是中非合作论坛目前只举办了7届，而法国—非洲峰会已经举办到了第27届。

7届与27届的历史显然不可同日而语，但值得注意的是从2006年11月3日至5日举行的第三届中非合作论坛开始，中国就已经成功号召了48个非洲国家参会。中国在6年中的表现要远比长达30年的法非关系更加出色。总体而言，中国削弱了法国在非洲的政治影响力。主要原因是法国的政策缺乏稳定性，没能预测到过去20年非洲的社会经济和政治的变化趋势。事实上，每个法国总统在处理与中部非洲或其他非洲国家的关系时的做法都不相同。发表在法国官方《宪报》上的经济及社会理事会1993年年度报告指出：

> 法国正面临地缘政治局势的深度转变，但在重新思考战略、政治和经济领域的优先事项时似乎陷入了困境，至少在官方层面是这样。决策者连许多实质性的问题都尚未搞清楚，比如哪些是要优先考虑的事项：是国家间的团结合作构想？还是法国作为世界舞台上的大国角色？还是法语国家与地区？还是法国的商业和金融利益？令人担心的是，法国想一口气做很多的事情，但既没有考虑到自己在经济、财政和政治方面的有限能力，也没有考虑到打算帮助的国家在发

展方面的实际需求。这种把性质不同的目标不加区别混为一谈的方法无助于阐明法国的对外援助和合作政策。

下面我们可以从外交领域的两条主线出发，仔细观察法国和中国如何在中部非洲展开政治角逐（见图 2－1）。第一条轴线反映的是两个大国如何在非洲建立国际政治影响力，这主要是通过法国—非洲首脑会议和中国—非洲领导人峰会（中非合作论坛）来实现。两个国家层面的平台都有助于法国和中国改善与中部非洲各国的双边合作关系。第二条轴线反映的是两国政府如何通过外交访问日程的设定来维持在非洲的国际政治影响力。我们对两位国家元首 2017—2018 年对非洲的最新访问进行了比较。观察到了两次非洲访问之间的一些相似之处。

两国最近的两次赴非国事访问仅仅相隔了 9 个月，这表明两位国家领导人都同时关注到了非洲在国际舞台上的重要性。再看细节，我们发现法国和中国的国家领导人在对非洲访问时分别选择了“2＋1”和“1＋2”的模式。具体而言，马克龙总统在其首次非洲之行中访问了两个法语国家（布基纳法索、科特迪瓦）和一个英语国家（加纳），并参加了 2017 年在科特迪瓦首都阿比让举行的第五届非洲联盟—欧盟峰会。

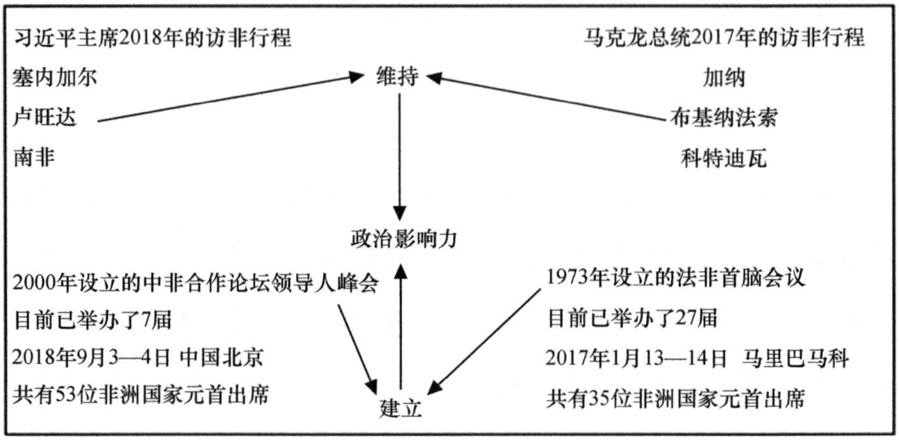

图 2－1 中法两国在非洲的外交角逐（2017—2018 年）

数据来源：本书作者于 2019 年整理完成

习近平主席在他的第二次非洲之行期间访问了一个法语国家（塞内加尔）和两个英语国家（卢旺达、南非），并顺道出席了 2018 年在南非约翰内斯堡举行的金砖国家峰会。尽管法国总统和一些政府官员近来努力想通过访问讲英语和葡萄牙语的国家来扩大影响范围，但面对已经在非洲大陆落地生根的中国，这个任务显得异常艰难。

我们最后得出的结论是，法国和中非国家之间有着无可争辩的历史渊源，但法国必须正视已在该地区逐渐站稳脚跟的中国。由法国人来设定行动规则的日子早已一去不复返，对于非洲国家元首来说，中国代表着新的国际选择。从今往后，决定中非国家在中法之间做出的选择的主要影响因素将是贷款、投资和发展援助。但就法国目前的外交政策而言，作为欧盟成员国，它的影响力很可能会继续下降，因为欧洲的经济环境眼下依然黯淡无光。中国人不是非洲大陆上的匆匆过客，他们已经打定主意，将会竭尽所能依靠雄厚的资金来加强与非洲伙伴的外交联系。

三　文化领域

美国学者塞缪尔·亨廷顿（Samuel Huntington）认为，我们所理解的当今世界并非以意识形态或经济上的对立为特征，而是由文化冲突界定。这个说法把我们直接引向了国际关系中广泛使用的一个概念，即约瑟夫·奈（Joseph Nye）提出的“软实力”。两位学者提出的理论都可以用来解释法国和中国在中部非洲开展的竞争。这种竞争同样发生在文化层面，中国要想成为全球性的大国，首先必须着力改善其海外形象，而文化是构成这一战略最重要的方面之一。但要想在中部非洲实践这一战略并非易事，毕竟当地大多数年轻人还都梦想着有朝一日能去参观埃菲尔铁塔，或者能说一口和母语一样流利的法语。事实上，从行政系统到法律体系，非洲法语国家无一例外都是在法国模式的基础上建成运作。

为了弥补在文化领域的差距，中国政府下决心从“低阶软实力”和“高阶软实力”两个层面制定追赶战略。以下是美国学者乔舒亚·柯兰齐克（Joshua Kurlantzick）的总结：

“低阶软实力”专门针对生活在中部非洲各大城市的当地居

民。非洲各地的孔子学院通常都是与中国的某一所大学合作开办，目的在于促进文化交流和中文的学习。

“高阶软实力”的目的是拉近非洲精英阶层与中国的关系。中国政府向非洲大学生提供奖学金，为外交官和军事人员提供培训机会。这种中国文化影响力的扩大直接对法国和其他西方国家在中部非洲地区的影响产生了竞争。

刚果共和国有幸在2013年3月29日接待了来访的中国国家主席习近平，刚果的案例可以为我们提供一些可供分析的材料。

首先，中国为刚果的劳动者提供了大量获得培训的机会。许多记者、官员和运动员都去过不同的中国城市参加研修班和专业研讨会。其次，中国政府每年都向刚果大学生提供大约30个奖学金名额。同样也是在教育领域，2012年6月刚果的马里安·恩古瓦比大学正式设立孔子学院，这个学院后来发展成为两国文化交流的重要平台。2017年，在简化留学行政程序后，中国已经成为刚果青年眼中的首选目的地，每年还有100多位自费学生到中国的大学就读，年增长率达到10%。随着习近平主席参加剪彩的国家图书馆落成使用，首都布拉柴维尔有越来越多的刚果人想学习中国语言和文化，并希望能借此找到一份工作。

虽然软实力被划分为两个层面，而实际上法国和中国在中部非洲展开的文化竞争表现在多个层面。有孔子学院对法语联盟学校和中国政府奖学金对法国政府奖学金，也有新加入的中国电视运营商对法国电视运营商，还有中国侨民与法国侨民。

在教育方面，中国现在已经成为非洲青年最青睐的留学目的地之一，但在十年前并非如此。在这个问题上，法国雇主协会一直在不断敲响警钟，在 2017 年发表的一份报告中呼吁法国要“在教育、培训和就业能力等方面与非洲大陆建立合作的桥梁”。

我们在这里举几个小例子来进一步说明。有一天，我有机会和一位中国教授在大学食堂用餐。交谈中他问我为什么来中国学习而不是去法国，然后又补充说刚果人去法国上学应该不是什么难事。事实上，许多年轻的非洲学生也确实做过这样的尝试，但最终还是放弃或改变了最初的想法，因为那时候要想获得法国的学生签证手续非常复杂。我现在还记得在布拉柴维尔举行的一次留学宣讲会上，负责向刚果学生介绍法国大学情况的留学顾问反复强调一句话：“你们去那里的目的就是为了学习，然后学成回国。”给人感觉他就是在警告所有打算在学业结束后留在法国生活和工作的人不要有这样的想法。现在回想起来，当时的场面很有些滑稽。如果不考虑某些方面的因素，所有来中国上大学的非洲学生都会告诉你，中国人往往会建议非洲学生在学习结束后留在中国，因为在中国更容易赚钱。这虽然是我的个人经历，但也确实反映了一部分现实。特别是有法国政府官员在一份正式报告中也提到这种现象，说这是导致非洲青年正在对法国逐渐失去兴趣的原因之一。

据统计，2004—2010 年选择前往法国求学的外国留学生人数出现了明显下降，其中非洲学生在 4 年间就减少了 7%。这种现象不断造成恶性循环，反而让中国和其他国家从中受益，而法国政府却一边在说要做非洲人的朋友，一边又采取越来越封闭的移民政策，招致越来越多的不满。语言相通是中部非洲年轻人选择去法国上学的主要原因，但现在他们考虑更多的是毕业后的就业问题。一边是法国不断减少签证数量，另一边是中国从 2000 年起决定将提供给非洲国家的奖学金名额增加一倍，有些奖学金甚至还附带工作机会。现实情况显然更有利于中国，长远来看，法国在上述非洲国家将渐渐失去优势，甚至法语国家的影响力也有可能被削弱。要知道在这之前，尽管法语国家的干预力度有限，至少还能确保法国在各大国际机构稳定获得非洲国家的广泛支持。

在电视传播方面，中国人的思路也很明确。首先，非洲是一个每天都在变化的市场，在这里提供视听服务一定能获得良好经济效益。其次，媒体是向非洲人宣传中国良好形象的最佳工具，把中国的电视节目翻译成法语或当地语言供非洲人收看必然有利于普及中国文化，因此中国企业在非洲投资电视行业一举两得。当然，以四达时代（Startimes）为代表的中国传媒企业首先要面对来自 Canal + 集团代表的法国传媒公司的竞争，后者是雄霸中部非洲国家市场的国际广播电视运营商巨头。

雅克·杜皮（Jacques du Puy）是法国 Canal + 集团海外事业部以及集团在非洲的国际部总裁，Canal + 集团在非洲市场的客户规模超过了 2. 5 亿人，遍及 23 个国家，当地智能手机的持有量将在 2020 年达到约 1. 65 亿部。中国人把四达时代引入非洲就是不想在文化传播方面被甩在后面，他们甚至在 2015 年 12 月 11 日成立了一家非洲影视研究中心，就设在浙江大学的校园内。成立研究中心的目的在于增进与非洲各国人民的相互了解与合作。2014 年 6 月 16 日至 17 日在北京举办的第二届中非媒体合作论坛，会上一项重要议题就是探讨“如何制定战略，改变非洲和中国以外的媒体向世界传递中国和非洲负面形象的局面”。

我们对法中两国在中部非洲以及同样受法国影响的周边国家文化领域的竞争考察就此先告一段落。以上分析已经清楚地表明，这种竞争不仅限于经济或政治领域，因为如果想要承担国际大国的角色，中国必须多管齐下。

我们可以就此得出结论，法国和中国确实是竞争对手，但谈不上是敌人。这一细微差别非常重要。法国和中国在涉及中部非洲地区的多个方面有着相似的需求，其中能源和基础设施建设是最具代表性的领域。利益的角逐往往将两国导向了直接或间接的竞争。然而，近年来竞争已经慢慢被合作所取代，两个对手似乎正在寻求某种平衡。事实上，我们可以从中看到与著名的“纳什均衡”相似的博弈关系。两个国家做出当前的选择显然是受到了来自对博弈关系前景预测的影响，因为如果在中部非洲地区继续采取正面对抗的做法，形势将对两国都不利。在没有更好战略选项的情况下，从长远来看合作才是中法两国将来都不会留有遗憾的最优解。这也是它们在 21 世纪的互补性正变得越来越强的原因。

第二节　双方的合作

中国和法国在中部非洲有许许多多合作的例子，这在过去五年中表现得尤为明显，实际上，只要中国和法国公司认为有必要合作或合作效果显著，双方就会以个案处理的方式签署合作协议。正如前面所言，我们认为2015年标志着中法在非洲的合作正式迈上了一个新的台阶。因为从这一年起，可以明显看到双方都展现出了政治上的意愿，希望将互动关系从竞争模式转向合作模式。

与第一节相反，本节分析的目的在于证明中法两个大国在非洲存在着合作的关系。这种合作体现在多个层面，但从学术角度来看这种现象存在产生发展的过程，我们的分析有所保留，只选择从四个角度证明这种合作关系的存在，按重要性排序依次分为安全、卫生、经济和政治等领域。

一　安全领域

在前面提到的四个领域中，安全合作无疑最有可能让法国和中国走到一起，谋求一个共同的目标，即维护非洲的和平和政治稳定。由于两个国家都在逐年加大力度参与非洲的经济发展，这一选择也在情理之中，毕竟保护海外投资和海外侨民的安全是双方共同关注的事项。两国在非洲都有投资和海外侨民，都会遇到相同的问题，但中国人的出现较晚，受到的影响当然就更大。而且这些地缘战略地区的局势变化无常，令人难以捉摸，比如钴、钶矿藏丰富的刚果民主共和国，乍得共和国的萨赫勒产油区，以及大量货物和出口物资过境的几内亚湾。当地出现的各种冲突很难完全厘清根源，因为其中既涉及社会政治关系，也牵扯到各方的经济利益。说它们涉及社会政治关系是因为很大一部分当地居民都认为政府对民众缺少关怀。在拥有丰富自然资源的多个中部非洲国家，人们往往有一种强烈的“被抛弃感”，认为外国列强和当地权贵相互勾结，沆瀣一气，从非洲的土地上攫取了所有财富和资源。这种阴谋论不断加重大量无业青年的挫败感，进而使那些未受过教育容易受人影响的少数人不幸走上极端和犯罪的道路。由此造成中部非洲地区各种问题和威胁因素错综复杂，安全稳定更加脆弱。

我们以绵延超过 5700 千米的几内亚湾为例，该地区喀麦隆、加蓬和安哥拉等国的海岸线面临越来越严重的海盗问题威胁，专家甚至把这里称为仅次于亚丁湾的非洲海盗活动最猖獗的地方。

还有来自激进“圣战”分子的威胁，如源自尼日利亚东北部地区的“博科圣地”。这个恐怖组织曾在 2015 年宣誓效忠中东的“伊斯兰国”，并在萨赫勒地区的环乍得湖一带及喀麦隆等国屡屡发动恐怖袭击。

除了上述风险和威胁，还有中部非洲各国之间存在的内部政治问题。随着总统选举的临近，不仅来自法国和中国的移民感受到了潜在的风险，位于非洲大陆的陆上油田、矿场和各种投资实体也同样面临着潜在的威胁。在此期间，发生政变的风险虽然在减小，但从一个政权到另一个政权的民主过渡也存在一定的风险，因为总有一些政治家为了保住手中的权力不惜一切代价。

非洲的动荡会影响到投资国的经济利益，中部非洲的长期不稳定局面会使法国和中国的前期巨额投资成为泡影，迫使两国企业逃离这一地区。虽然我们的分析只触及非洲固有问题的冰山一角，但重点在于先指出这些问题，然后再来讨论到底是什么让中国人认识到了自己在非洲大陆脆弱的一面。

伦敦政治经济学院亚非关系专家克里斯·阿尔登（Chris Alden）指出，三个安全方面的挑战促使中国政府下决心采取行动保护本国的经济利益：国际声望、商业利益、公民安全。除此之外，2011 年年初席卷突尼斯、埃及和利比亚的所谓“阿拉伯之春”运动，让中国意识到一个和平的非洲环境对于开展各项事业的重要性。中国从利比亚危机中认识到，当危机发生时要想保护本国在当地的经济利益和滞留海外的公民，一国政府将面临多大的困难。为了避免再出现类似的问题，中国领导人行事会更加谨慎。

在安全方面，非洲国家的边界就像布满孔洞的海绵体，这意味着一个国家的问题很容易被输出到另一个国家。今天发生对西非地区的威胁明天可能就会变成对中非国家的威胁。考虑到很多中国大使馆目前还没有能力向本国公民提供关于高风险区域的全面评估报告，这种情况会变得很危险。长期以来中国企业对此颇有怨言，他们有时候只好求助于西方的私人专业咨询机构，然后才敢在当地开展业务。今后的中国不会再满足于只做一个旁观者了。中国是参与联合国在非洲维和行动次数最多的国家，共计派出维和人员 5 万余人次。为确保海上供应的安全，中国在吉布提建立了第一个设在国外的保障基地，这使得中国对海外事务的参与力度再次得到加大。法国里尔天主教大学的泽维尔·奥雷根（Xavier Auregan）认为，西方国家其实总体上不反对中国在非洲大陆部署更多的维和人员。相反，他们在一定程度上对此持欢迎的态度，因为这样一来维和的责任就可以得到分担，他们的政治和经济负担也会相应减轻。

在利比亚问题上，法国和英国曾经滥用联合国安全理事会第 1973 号决议，发起超越其权限的军事干预行动。这也是中国往往更愿意在联合国或非盟的框架下参与资金或军事方面的行动，而不是直接与任何国家合作的原因。而法国是欧洲国家在非洲维和与安全领域最活跃的参与者。法国成为中国在非洲安全事务方面的首选合作方主要由于以下原因。

第一个原因在于，自 20 世纪 60 年代以来，没有一个西方国家达到了像法国一样对非洲事务的介入程度，也没有任何一个前殖民地大国在后殖民时代做到像法国一样与非洲保持了如此密切的关系。在一份关于法国对非外交政策的研究报告中，联合国驻马里副特别代表达尼拉·克罗斯拉克（Daniela Kroslak）指出，法国对非洲大陆的军事干预程度在历史上无人能及。

> 法国是唯一一个在非洲多国都保留了军事基地的西方国家，其中最重要的基地包括中非共和国的班吉、加蓬的弗朗斯维尔和乍得的阿贝歇。此外，法国还有大约 9000 名士兵驻扎在非洲大陆。根据杜木林（Dumoulin）在 1997 年发表的一份研究报告，法国在中非共和国有 1500 名士兵，在乍得有 840 人，在吉布提有 3425 人，在加蓬有 600 人，在科特迪瓦有 530 人，在塞内加尔有 1500 人。马丁（Martin）在 1994 年的一篇文章中也提到了类似的数字，确认法国在中非共和国驻军 1200 人、乍得 750 人、科特迪瓦 500 人、吉布提 4000 人、加蓬 800 人、塞内加尔 1200 人，并指出另外还有 792 名法国军事顾问被派往 20 个非洲国家。当任何一个与法国有军事联系的非洲国家发生内乱或外来侵略，这些部队都可以迅速部署到位。

下表列出了 1960 年以来法国在中部非洲展开的所有安全防务。

表 2-1　　法国在中部非洲的安全防务行动

年份	国家和具体行动
1964 年	加蓬发生军事政变，法国协助莱昂·姆巴总统复职。
1968—1972 年	发动代号“利穆赞”和“野牛”军事行动，镇压在乍得提贝斯提发生的叛乱。
1977 年	发动代号“马鞭草”的军事行动，支持扎伊尔总统蒙博托镇压沙巴叛军。
1978 年	在扎伊尔发动代号“非洲豹”和“金枪鱼”的军事行动，在科尔韦齐将3000 名平民从加丹加的刚果民族解放阵线（FLNC）叛乱分子手中解救出来。
1978—1980 年	在乍得发动代号“鳕鱼”的军事行动，打击古库尼·乌代（Goukouni Oueddei）领导的乍得民族解放阵线（Frolinat）。
1979—1981 年	在中非共和国发动代号“魣鱼”的军事行动，迫使博卡萨（Bokassa）皇帝退位，并将前总统大卫·达科（David Dacko）重新扶持上台。
1983 年	在乍得发动代号“蝠鲼”的军事行动，派出 4000 人支持总统侯赛因·哈布雷镇压古库尼·乌代领导的叛军。
1993 年	在扎伊尔发动代号“河堤”的军事行动，撤离法国侨民，当时首都金沙萨爆发了军人骚乱。
1996—2007 年	在喀麦隆发动代号“阿拉米斯”的军事行动，支持喀麦隆军队与尼日利亚争夺出产石油的巴卡西半岛控制权。
1997 年	在刚果布拉柴维尔发动代号“鹈鹕”的军事行动，撤离躲避内战的外国侨民。
1998 年	在扎伊尔发动代号“孔雀石”的军事行动，疏散金沙萨的法国侨民。
2003 年	在刚果民主共和国东部参与欧盟代号“阿尔特弥斯”的军事行动。
2006 年	在乍得发动代号“雀鹰”的军事行动，支持政府军打击叛军。
2008 年	在乍得保护恩贾梅纳机场，组织法国侨民撤离。
2008 年	参与欧盟“欧洲支持乍得”的行动，2009 年结束。

资料来源：Jeanny Lorgeoux，Jean-Marie Bockel。

其次，法国不仅多次参与发生在非洲国家的冲突，而且还参与了对中部非洲国家高级军官的培训。与非洲大陆历史悠久的军事合作使它在非洲各国军队中有着强大的影响力，这一地区由于经常陷入资源争夺，军事干预也是持续不断。作为欧洲大国，法国在过去和将来都有意愿维持该地区的政治稳定以维护自身利益。

早在20世纪60年代非洲国家争取独立期间，法国在非洲部署的军事人员曾经多达30000名。多年来，法国已经逐步将军队从非洲大陆撤出，但目前仍然是非洲各国的主要军事合作伙伴和战略合作伙伴，这一点从它在非洲国家开展的军事行动就可以看出来，如马里的“薮猫”行动。据统计，2013年仍然有多达3217名法国士兵驻扎在非洲各国。法国政府显然希望继续在非洲大陆发挥军事作用，但又不愿意独自采取干预行动，因为一旦干预行动产生争议性后果就会受到国际社会的批评。另外一方面，也是最重要的一点，法国目前没有足够的财力在非洲维持更多的军事支持。法国参议员在一份报告中指出：

> 法国不断减少用于非洲各国的培训和军事合作预算，导致它一方面强调提高非洲各国安全能力的政治意愿，但另一方面实际投入又远远不足，两者之间的脱节越来越明显。2006年以来，外交部安全与防务合作司投入干预行动的预算已经减少了一半。在过去的8年中，无论是预算还是外派人员人数，军事合作资源

的减少对国家战略态势的信誉和最终收益都造成了严重的负面影响。

我们以 2014 年组建的萨赫勒五国集团联合部队为例加以说明。2017 年该部队在萨赫勒联盟框架下得到强化，法国总统马克龙和德国总理默克尔都对该机构的运行发挥过重要的指导作用。成立这一机构的目的是让五国集团的所有主要多边和双边伙伴都能参与进来。马克龙总统积极参与非洲事务，2018 年他对非洲开展为期三天的正式访问期间还经停毛里塔尼亚首都努瓦克肖特，参加在那里举行的第 31 届非洲联盟首脑会议，讨论次区域安全问题。尽管增加了新的发展伙伴关系，加上法国方面的积极参与，各方还是没能筹足有效打击犯罪和恐怖主义行动所需的资金数额。“在承诺的 4.14 亿欧元出资中，只有卢旺达支付了 50 万欧元，欧洲方面承诺的 5000 万欧元始终趴在负责管理资金的法国专家署账上睡大觉。”

这样一来就显示出法国和中国之间在中部非洲乃至整个非洲大陆开展军事合作的互补性。同时，法中两国都是联合国安理会的常任理事国。一方面，法国拥有丰富的海外军事干预经验，在非洲有多个军事基地，虽然在维持和平与安全领域表现积极，但现在面临着缺乏资金的现实困境。另一方面，中国在非洲大陆的利益不断扩大，海外公民数量也在不断增加。在非洲这个具有多方面经济重要性的陌生大陆，最好是能得到一个经验丰富的向导的帮助，以免该地区也变得像中东一样动荡不安。两国可以联合起来，采取迅速有效的行动，保护本国侨民和当地百姓免受武装冲突的伤害。2016 年 5 月 31 日在马里加奥地区发生了针对联合国马里稳定团营地的袭击事件，表明中法两国在非洲开展军事合作的必要性。在这次恐怖袭击中，中国维和军人申亮亮不幸牺牲。2018 年马克龙总统首次访华，习近平主席向他表达了中方打击恐怖主义的决心，其中必定有这方面的原因。马克龙总统在双方会晤后明确表示“法国也愿意共同强化萨赫勒五国集团的架构”。

二　医疗卫生领域

中国和法国在非洲特定情况下开展双边合作的情况并非个例。除了以上谈到的合作共识外，习近平主席和马克龙总统发表了联合声明，提出“联合开展关于传染病和新发疾病的尖端技术研究”。法国记者塞巴斯蒂安·勒·贝尔奇克（Sébastien Le Belzic）认为，中法之间的这项协议当然具有全球性的影响，但它与非洲的关系更为密切：2013 年埃博拉病毒在几内亚共和国再次出现后已经开始蔓延到西部非洲地区。与此同时，战胜埃博拉病毒已经成为中国的重要目标，中国政府为此投入了超过 1.21 亿美元来抗击这一流行病，同时加强与受影响最大的非洲国家（几内亚、塞拉利昂、利比里亚）之间的联系。中国外交部部长王毅此前多次强调，中国政府参与解决这场公共卫生危机绝不是走过场。他的这番话可谓意味深长，至少说明西方世界对受害国家的援助还做得不够好。后面他还提到，疫情发生后，当地只剩下几名中国水利电力对外公司的中国员工还坚持留在几内亚，继续从事水电大坝的建设工作直至工程完工。

相比人道主义方面的表述，真正促使中国方面积极参与投入防治传染病和新型疾病疫苗及药物开发的还是非洲疾病传播的潜在风险，因为随着中国和非洲之间经贸往来的增加，也产生了大量的人员交流。事实证明，法国是世界上生物安全领域最先进的国家。目前世界上能达到 P4 或 BSL4 级别的生物安全实验室数量并不多，而只有安全措施达到这类实验室的标准，才能开展像埃博拉病毒这样的致病性微生物方面的研究，以便研发出相应的治疗方案。2013 年法国国家病毒性出血热文献中心学者希尔万·贝兹（Sylvain Baize）和他的团队正是在让－梅里厄（Inserm Jean Mérieux）实验室率先发现该流行病起源于几内亚的科纳克里。2004 年中法合作创建的中国科学院上海巴斯德研究所当然也很重要，但武汉实验室是中法两国迄今为止在中部非洲地区开展医疗卫生合作最重要的示范项目。

2017 年湖北省省长王晓东、中国科学院副院长张亚平、中国驻法国大使翟隽与法国总理伯纳德·卡泽纳夫共同参观了刚刚建成的中国科学院武汉高危病毒实验室。法国总理在发言中承诺，今后法国将每年投资 100 万欧元，支持传染病相关的科学研究活动。该实验室于 2011 年奠基开工，由中国科学院和武汉市政府共同建设。2015 年举行了落成典礼，2018 年马克龙总统访华期间实验室正式投入使用。双方的努力最终取得了初步成效，这在很大程度上要归功于法方向中方的技术转让。两位国家元首近来也都承诺将确保在医疗卫生领域开展更多的合作，未来将以各种方式为整个非洲大陆创造更多的福祉。

三 经济领域

2016 年 4 月 13 日中法非三方合作研讨会在北京召开，法中委员会主席西比尔·特纳（Sybille Dubois Fontaine Turner）在会上表示，法国、中国和非洲之间的经济合作由来已久，早已不是什么新鲜事。我们接下来就以她的这番话为基础详细介绍法中经济合作涉及的各个领域。

2009 年以前，法国和中国之间就已经在世界范围内展开了多项经济合作。比如 2005 年中兴通讯成为法国电信的非对称数字用户专线全球设备供应商，而我们都知道，法国电信在非洲法语国家的电信市场占有非常重要的地位。2002 年阿尔卡特与上海贝尔合作建立了合资企业。应当指出的是，这类合作往往发生在中法两国的私营企业和国有企业之间。当然，中国政府要么是这些海外经营企业的控股方，要么是主管部门。但法国方面就不是这样，虽然国家也参与大型跨国企业在海外市场的布局，但这些企业几乎全部来自私营部门。为了说明中法两国在中部非洲的经济合作情况，我们将重点关注那些在两国外交部门达成协议前就已经开展合作的中法跨国企业，它们这么做的目的主要是在相关地区谋得丰厚的回报。因此，我们主要分析了石油开采、公共基础设施建设和资金支持这三个部分，这是目前最重要的几个关键经济领域。

石油开采

对于大大小小的石油公司来说，勘探新油田意味着需要承担一定的财务风险。生意人的首要目标就是将财务风险降到最低，并使利润最大化。对私营公司来说，最常见的做法是通过招标寻找合作伙伴，以便在出现问题时降低自己的损失。作为跨国企业的道达尔公司（TotalEnergies）自然是深谙此道，它在中部非洲也完全按照这一规则行事。前面我们曾经提到，在中国企业竞争的背景下，道达尔公司在非洲的业务一度陷入困境。但事情也并不尽然，在一些中非国家，这家法国的跨国石油巨头也很重视与中国企业开展互补性合作。2004 年胡锦涛主席访问加蓬的一项日程就是参加由中石化集团与法国道达尔加蓬分公司年产 100 万吨石油项目的合作签字仪式。中国人在无法掌握所有油田开采权的情况下找到的应对方法就是与法国公司签订分包合同。这种合作方式可以让中国企业从技术转让中获益，并提升自身服务质量的声誉，还可以帮助中国企业积累在非洲国家的信用度。通过承揽法国人不愿意接手的业务，中国企业签下了大量合同订单。对此法国公司也都看在眼里，中国企业的存在对他们当然是一种竞争，但这并不总是代表着不利的一面。来自刚果的中国问题专家朱利安·博基罗就指出：

> 2005 年，中国方面为中石化公司争取到两块刚果

> 近海油田的开采权，并与道达尔刚果公司达成了一项协议。刚果被认为是法国在非洲的保留地国家，法国一向是它的传统合作伙伴，我们以前从未想到过一家中国公司会在这里与法国就能源开发展开合作。但到了2006年，刚果一举成为了继安哥拉和苏丹之后中国的第三大非洲石油供应国。2007年6月25日刚果又与中法企业签署了一份合同，在佳柔地区共享石油勘探和生产经营权。

这些合作项目表明，尽管之前安哥拉因为放弃道达尔公司选择了中国企业，但也有像刚果共和国这样的国家，对所有外国投资者都一视同仁，提供有利的营商投资环境。还有一个例子虽然不涉及中非地区，但也可以用来证明这种三方合作的成功，也就是由法国的道达尔、英国的图洛和中国的中海油三方在乌干达阿尔伯特湖联合勘探开采天然气和石油的项目。

中国学者贺文萍在谈到小企业在非洲的经营时指出，中国的中小企业普遍不太关心中国与其他国家之间的外交互动，它们更愿意靠自己的力量去打拼，通过拓展经营业务争取融资机会。直接拜访国外合作企业和开展三方合作显然更符合它们的经营方式。

公共基础设施建设

为了说明法国和中国在建筑领域的合作情况，我们将以喀麦隆的克里比港改造项目为例。这个项目很久以前就被委托给法国和另外一些西方国家的企业来做，但一直没有建成完工。直到中国港湾工程有限公司接手该项目后才帮助喀麦隆政府实现了这个梦想。我们注意到这个项目经过了两个非常有意思的阶段，从中可以看出中法建筑企业之间从竞争向合作转变的过程。

在第一阶段，双方之间也产生过一些不愉快，对此中国港湾工程公司中部非洲区域管理中心负责人表示：

> 一些法国公司主要通过咨询公司向喀麦隆政府施加压力，质疑中国港湾工程公司的施工能力。法国公司控制的当地媒体还散布消息说喀麦隆把项目交给了一家“不称职的公司”。欧洲人推动这个项目用了20年的时间，做了两、三个版本的总体规划和八份专题技术研究。我们免费做了一份港口规划，结果就让喀麦隆政府觉得很不可思议。

在第二阶段，尽管双方存在竞争的关系，但中国人务实，在某些业务领域选择了法国公司。中方企业负责人也承认，尽管法国公司在获取外国投资方面有困难，但它们在非洲积累的经验毋庸置疑。中国企业在与非洲当地人打交道的方面仍远远比不上法国公司，双方有必要相互借鉴。这番话指的是中国港湾工程与法国企业之间的合作，比如借用了阿特莉雅集团的波浪分析模型。在他看来，中国企业在提升工程价值方面面临重重困难。在中非地区，法国的建筑标准意味着高昂的成本，但也被认为能让工程更结实更耐用，也就是说工程质量更高。这也是当地政府往往要求中国建筑企业要执行法国标准的原因。因此最好的办法还是跟法国企业合作，尽管有时候竞争难以避免。

资金支持

我们已经谈了很多关于法国企业缺乏资金的事实，也提到正在走出国门开展对外投资的中国企业是这方面理想的合作伙伴。不管是一方提供资金还是双方共同融资，都是由中国的国有银行和法国的国有或私营银行来完成的。我们可以推断，在每个合同结束时，双方都至少会指定一家大型金融机构或附属机构，负责管理共同基金或协助完成各种金融交易，保证遵守各个国家银行体系的规则。因此，法国和中国开展银行间合作，处理在非洲的业务已经成为现实中的需求。其中就包括中国工商银行、中国国家主权基金、亚洲基础设施投资银行、法国储蓄信托银行、法国开发署等大型金融机构。事实上，中国和法国的银行间合作远不止于上述框架范围。

再来看一个中法银行部门在中部非洲开展合作的案例，同样很有启发。法国兴业银行此前推出了一项由讲法语的华人顾问提供的特别服务，叫“中文服务台”，它可以为中国客户提供一些金融服务方面的指导。这家法国银行于 2014 年在喀麦隆推出这项服务，现在已经在好几个非洲国家提供这项服务。法国兴业银行在非洲的目标是“与正在迅速扩张的中国公司建立联系并开展业务，因为根据麦肯锡公司 2017 年发表的一份报告，已经有超过 1 万家中国公司在非洲开设了分支机构”。法国兴业银行是一家专门从事投资银行和金融服务的跨国企业，是法国银行业“三巨头”之一。就像我们看到的那样，法国的私营企业也会毫不犹豫地与投资非洲的中国企业开展业务。法兴银行负责提供中文服务的顾问精通中文和法语两门语言，可以帮助顾客克服在当地支付、汇兑和转账方面的语言障碍。在塞内加尔工作的银行职员张小姐说：“我们是唯一一家全面推广中文服务台业务的银行。这真的是争取中国客户的制胜法宝，他们跟我们交流时很自然，因为跟中文顾问在一起会更自在，我们讲同样的语言，有相同的文化习惯，这些都有助于双方建立信任感。”

四　政治领域

如前文所述，中法两国在中非地区的互动在经济领域十分密切，在政治领域也不例外。我们在分析时尽量把各国政府层面所做的经济交往与非政府或很少有政府参与的企业行为区别开来。

> 几年前，我们根本没必要向外交部的官员汇报中国企业在非洲的动向。法国政府或企业对来自中国方面小心翼翼的示好也没有任何回应，一心就想在非洲

> 单独行动，守住自己的地盘。但时过境迁，现在中国已经成为在非洲大陆上一支绕不开的重要力量，面对这种情况法国外交官也只好接受与中国人合作的现实。

最先做出决定转向合作的是中国还是法国？这个问题的答案现在已经不那么重要。本书后面的分析更多是基于个人视角的判断。首先我们把法国和中国与中部非洲各国的关系分成五个阶段。为了证明中法两国在政治或外交层面上已经实现了从竞争向合作的转变，我们将按时间顺序由远及近回顾分析双方合作过程中发生的点滴细节。

萌芽阶段

我们倾向于认为，中国和法国之间政治关系的实质性转变始于 2013 年，也就是从习近平担任中国国家主席开始。在这段时期法国人的思维开始变得更加开放，他们意识到可以和中国一起在非洲事务上开展合作。习近平主席在就任后的首次出访行程中将非洲列为重点地区，同时启动了“一带一路”这一宏伟倡议，显然意在加强与西方国家的联系。

评估阶段

2014 年是中法两国建立正式外交关系 50 周年，习近平主席对法国进行了上任后的首次国事访问，成为双方关系实现从竞争转向合作的里程碑事件，会谈中双方都明确表达了相互理解和信任。访问的成果之一是发表了一项关于中法关系中长期规划的联合声明，涉及政治交往、国际问题、气候变化和环境保护、防务和安全、经贸、财政金融、民用核能、人文交流等15项内容，最重要的还在于双方建立了全面战略伙伴关系。在这次访问期间，法国前总统奥朗德向习近平主席当面公开表示，希望能在法国、中国和非洲之间建立起更进一步的合作伙伴关系。他表示：

> 中国在非洲的存在是一个客观事实，中国在那里投资以帮助非洲国家发展。我希望法国和非洲能够一起行动起来，因为非洲是充满希望和未来的大陆。我们应该一起打击恐怖主义，一起为非洲大陆的长期发展和增长共同努力。

法国前驻华大使顾山（Maurice Gourdeau Montagne）在2014年9月上任初始接受《环球时报》的采访中也重申了法国打算与中国在非洲开展合作的宏伟计划。

落实合作阶段

“非洲是充满希望和未来的大陆”，法国人喊出的这句口号很应景，也得到了中国方面积极的回应。2015年6月，双方在历经多次访问、多次重大活动和多次交流之后，时任国务院总理李克强动身前往法国与法方达成了一项历史性协议，也就是中法两国关于第三方市场合作的第一份联合声明。在6月29日至7月2日的访法期间，李克强总理与曼努埃尔·瓦尔斯（Manuel Valls）总理共同见证了多项中法合作协议的签署。值得一提的是塞内加尔总统麦基·萨勒（Macky Sall）当时也在巴黎共同见证了此次签字仪式。中法联合声明为两国在世界范围内的合作奠定了基础，但这一合作将主要围绕亚洲和非洲展开。针对非洲国家的情况，该协议的总体思路是鼓励两国在基础设施和能源方面开展合作，以帮助非洲国家改善经济发展。对中国而言，关键在于巩固在撒哈拉以南和中部非洲的合作基础，相比东部非洲，中国在上述两个地区的投资还远远落后。法国从殖民时代以来积累了大量专业技术和经验，这也给中国创造了从中受益的好机会。对于法国而言，这有利于开展共同融资，还可以利用中国在非洲大陆不断扩张的商业网络。非洲方面的需求很多，无法在此一一列举。但至少有一点可以肯定，对于非洲国家来说，看到法国和中国联手合作可以让他们更有信心，特别是在双方将开展的各个项目中有关质量和环保的方面。

试验阶段

2016 年至 2017 年，法中两国开始对开展合作的领域进行统筹规划，从中确定最有合作潜力的部门。双方对之前已经在非洲开展的合作项目做了总结，包括哪些是已经完成的，哪些是还没有做的，哪些应该做以及哪些可以做等，显然，合作在某种程度上只涉及法语国家。这些年的合作有三件事特别值得关注。第一件事是法国任命前驻赤道几内亚大使弗朗索瓦·巴拉度（François Barateau）为外交部非洲和印度洋司副司长，负责协调法中两国在非洲的三方合作关系。但我们用“三方合作”

这个词来界定这种关系是否合适？因为表面上看起来很多事情都是当着非洲人的面完成，但他们却无权提出任何意见或建议，或者干脆对这类合作的复杂性完全不了解。第二件事发生在塞内加尔，非洲国家本来有机会可以在三方合作中发挥更大的作用，因为原先计划2016年5月19日要在塞内加尔首都达喀尔举行一次政府官员和商人汇聚一堂的中国—法国—非洲峰会。遗憾的是，这次计划中的三方会谈直到现在也没有如约举行。一位法国项目负责人后来解释说：

> “我们的目的不是要占领非洲市场，而是要开展三方合作。我们是被邀请来达喀尔的，这是非洲方面的请求。中国人非常清楚，如果把非洲工人排除在外，就有可能给人留下新殖民主义的糟糕印象。”

第三件事是中法之间经过协商达成一致，同意在未来将第三方市场合作基金的规模从目前的3亿欧元（双方各出资1.5亿欧元）提高到20亿欧元。我们在前言中曾经提到，该基金将由中国主权财富基金公司和法国信托储蓄银行的子公司国际资本管理公司共同管理。这笔金额庞大的资金未来将用于支持中国和法国企业在非洲和亚洲开展的共同投资项目。2016年11月14日中国国务院副总理马凯和法国经济和财政部长米歇尔·萨潘在巴黎共同签署了成立该基金的合作协议。

适应阶段

法国新任总统马克龙自上任以来已经到访过非洲大陆近十

多次。2018 年 1 月 8 日至 10 日，他对中国进行了首次国事访问。这次访问可以看做是在前任奥朗德总统已经奠定的双边友好关系基础上的政策延续。虽然双方合作的重点是地区安全与维和任务，但马克龙总统试图扩大合作范围，挽回 2015 年就已建立但面临困境的第三方市场合作关系。这当然不是马克龙总统此次访华的主要原因，但从发表的声明中可以看出，他非常希望探索新的战略合作，将原有的合作重心转移到本章开头部分提到的与发展援助和安全关系更密切相关的部门。合作所需资金大部分将来自两国的公共投资银行，如法国发展署和中国国家开发银行。法国开发署总干事雷米·里乌（Rémy Rioux）对此大加称赞。该机构将通过捐赠、贷款、担保、股权投资、提供专业服务和科研等多种形式加强对非洲国家社会问题的干预，如女童教育和应对气候变化等问题。为此，马克龙总统已经宣布将在 2019 年增加 10 亿欧元的官方发展援助。

2013 年，随着习近平当选中国国家主席，中法之间也萌生了拉近双边关系的愿望。2014 年，两国在评估合作现状的基础上，签署了一项中长期合作规划，希望将双方的合作提升为全面战略伙伴关系。2015 年是落实全面战略伙伴关系的一年，双方建立了新的第三市场合作关系。2016 年至 2017 年，法国和中国共同出资建立了一个计划达到 20 亿欧元规模的共同基金。这几年是新合作的试验期，双方没有完成任何项目。

2017 年是马克龙就任法国总统的第一年，他希望通过调整战略为中法之间的合作努力带来新的希望。尽管纸面上的内容更多于最终实际完成的部分，中法之间的外交合作仍将续写新的篇章。尽管这一合作的范围遍及全世界，在这六年中涉及非洲的那部分始终是重要的一环，从未被双方忽略（表2－2）。

表2－2　中国—法国—非洲政治合作经历的5个重要阶段（2013—2018）

时期	萌芽期	评估期	落实期	试验期	适应期
时间	2013年	2014年	2015年	2016—2017年	2017年
重要事件	习近平当选国家主席有利的环境	中法签署中长期合作规划	中法第三方市场合作	集资20亿欧元成立合作基金	马克龙当选总统改变策略

资料来源：作者本人2019年制作完成。

中国非洲研究院贺文萍教授曾经说过，非洲应该尽快跳上中国这趟飞驰的列车。在这里我想借用她的话说，法国也已经做出决定要加入这趟旅程。现在列车已经出发，它能安然抵达前方车站吗？马克龙总统能否找到成功的秘诀，让中国、法国和非洲关系这趟列车早日驶入快车道？

第三章

从竞争走向合作：机遇与挑战并存

第一节　迈向全面合作的中法关系

前文对中法之间是否存在竞争与合作关系的问题展开了论证，从中可以看出竞争与合作同时影响着两国在中部非洲的战略。这种影响不仅事关作为“外来者”的中法两国，也以不同的方式体现在非洲各国的决策中。一些国家选择坐视中法双方竞争以从中受益，另外一些国家则欣然加入双方的合作进程。但我们首先可以从中观察到一种存在于中、法、中部非洲之间的特殊关系，这种互动与传统的双边关系截然不同，它是一种包含了三方、三角和三边的特殊关系。中国非洲咨询机构创始董事莫里茨·威盖尔（Moritz Weigel）和亚历山大·德米西（Alexander Demissie）认为，这是“一种创新的发展合作模式，它既考虑到了全球范围内的权力转移，又关注到多极世界的需求”。我们将结合观察到的结果进行比较，判断中国和法国在中部非洲的互动关系是否实现了从竞争向合作的转变，同时还将探讨中法之间的合作能否最终导向一种三边关系，当然也将探讨包括阻碍这种新型三边合作形成的各种困难。

一　中法两国在竞争与合作上的异同点

本小节将从竞争角度出发，探讨中国和法国在中部非洲的双边竞争关系是否在向双边合作或者是有中部非洲国家参与的三边合作过渡。我们首先通过两张表格对比前文提及的数据，以便更清晰地展现两国在这些方面的异同点。

表3-1　两国竞争中体现的相同点和不同点

竞争			
相同点		不同点	
法国	中国	法国	中国
中部非洲		中部非洲	
1. 都需要大量自然资源以保持经济增长； 2. 都是建筑与公共工程领域的全球领先者； 3. 为提高在国际组织的决策权，都需要非洲国家的投票支持； 4. 为保持政治影响力，都频繁对非洲展开外交巡回访问。		1. 单打独斗的私营石油跨国公司； 2. 缺少法国政府的资助； 3. 拥有先进的建造技术和专业知识； 4. 建筑工程质量有保证但价格高昂； 5. 高价产品出口市场份额下降； 6. 正规销售渠道占比上升；	1. 互帮互助的国有石油跨国公司； 2. 受益于中国政府的资金支持，且多采用一揽子交易形式； 3. 建造技术仍在改造升级中； 4. 低价产品出口市场份额增加； 5. 正规和非正规销售渠道占比均上升；

续表

竞争			
相同点		不同点	
法国	中国	法国	中国
中部非洲		中部非洲	
		7. 通过非洲法郎发挥强大的货币影响力； 8. 法语占据通用语地位； 9. 拥有法语联盟学校网络； 10. 定期召开法国—非洲峰会。	6. 石油市场上人民币影响微弱； 7. 中文的使用仅限于商业领域； 8. 拥有孔子学院网络； 9. 定期召开中非合作论坛峰会。

表 3-2　　两国合作中体现的相同点和不同点

合作			
相同点		不同点	
法国	中国	法国	中国
中部非洲		中部非洲	
1. 均为联合国安理会常任理事国； 2. 为维护经济利益和保障海外侨民的安全开展维和行动； 3. 积极参与联合国的安全保障任务； 4. 在经济层面需要开展多方合作；		1. 对非洲局势的掌控强，拥有丰富的国际和非洲地区军事经验； 2. 用来维持军事部署的预算紧张； 3. 企业在新技术应用和服务方面更有竞争力。	1. 缺乏对当地局势的了解，缺乏国际军事经验； 2. 坚持"不干涉内政"的外交原则； 3. 企业服务和创新不足。

续表

合作			
相同点		不同点	
法国	中国	法国	中国
中部非洲		中部非洲	
5. 需要在经济行为体之间搭建语言平台； 6. 都有建立中国—法国—非洲三边关系的政治意愿； 7. 积极提供经济发展和人道主义援助。			

数据来源：本书作者于2019年整理完成。

通过以上对比，首先可以直观地看到，双方竞争的异同点表格比合作的表格长，说明双方在非洲面临着更多的竞争压力。为了确保在中部非洲的战略部署，中国和法国都进行了大量的投资。中部非洲地区丰富的原材料是中法两国在此加大投入的主要原因，他们都需要维持并确保石油和其他自然资源的稳定来源。21世纪是非洲快速发展的时代，本书涉及的9个国家正在积极推进基础设施的现代化，不仅大力改造修建于殖民时期的旧设施，而且着力建造新的基础设施，以适应和促进未来的经济增长。通过加快实施在非洲大陆的国际化战略，中国在该地区的建筑领域已经逐渐赶超法国。它给非洲市场带来了众多专业建筑人才，以满足非洲新兴经济体的需求。然而，对中国和法国来说，非洲大陆不仅仅代表着经济利益，其政治领域的重要性也不容忽视。非洲国家对一个中国原则的认可，以及在国际组织中的投票支持，对中国来说十分重要，而这正是法国过去一直享有的外交红利。目前中国似乎在东非和北非地区已经掌握了话语权，但法国看起来也没有完全放弃在政治和经济方面的努力。2019 年，法国总统马克龙到访吉布提、埃塞俄比亚和肯尼亚三国，共同商讨投资和安全问题。有一种观点认为，鉴于中国在上述重要战略地区的影响日益扩大，法国总统的国事访问可能是为了表明其决心，意在削弱中国对整个非洲大陆的影响力。至于在中部非洲，法国的影响力会更大一些。对于中方来说，与美国的贸易争端已经相当棘手，中方不希望在与欧洲就“一带一路”谈判时产生龃龉，导致腹背受敌。但面对法国在非洲地区日益加大的竞争压力，中国必将很快做出回应。这意味着中法在中部非洲的共同需求可能不会促进两国拉近距离，因为他们的目标相同，都希望成为非洲各国的优先伙伴。要想达成这一目标，成为当地政府的首选合作方，就必须做到成绩优秀，而且战略成功。从这个角度来看，中国不仅扳回了之前在中非地区的落后局面，而且比法国更胜一筹，能够做到迅速满足当地的迫切需求。中方的跨国石油公司相互团结协作，而且获得了国家的资金支持，能够参与任何类型的招标项目。反观作为竞争对手的法国公司，往往因为有限的预算难以与中方抗衡，但他们仍坚持驻守当地，试图凭借工程质量或产品的差异化经营争夺市场份额。显然，法国企业的专业知识和先进技术是中方企业的短板，而且中非合作论坛以及中国语言文化的影响以往也逊于法国，但随着中国人在中非地区的发展，他们渐渐意识到在某些方面仍然需要法国人的参与。我们可以从前面的表3－2得出结论，由于中法两国在竞争层面上存在着相同点，即两国在中部非洲的相同目标导致利益冲突，产生对立，而不同点则解释了两国在多个领域互相较量的原因。

法国对中国是不可或缺的，法方虽然将中国视作在中部非洲的重要对手，也必须学会如何与中国共处。借助活跃的中非合作之势，法国得以进入中国在中非不断扩展的经济网络，获得充足的工业劳动力，而且还大大缓解了资金缺口问题。由此看来，与其针锋相对，彼此防备，中法两国不如尝试依托互补优势共谋发展，开启合作之路。

其次，中国和法国都是联合国安全理事会的常任理事国，可以凭借在政府间国际组织中的战略地位获得其他成员的支持，在危急关头能更迅速地在非洲领土采取行动。中国和法国在联合国框架下已经多次合作完成安全保障任务，更容易建立起双边军事伙伴关系，两国的联合行动也将更有效地保障和维护其侨民及经济利益所在区域的和平与安全。在经济方面，两国还需要在语言上建立沟通渠道，在合作发展中加深相互理解。此外，中国和法国从未放弃与非洲建立三边关系的想法，两国政府都认为发展三边关系可以更好地协调发展援助。中国与法国在合作方面的共同需求表明，两国一旦联手即可将各自的弱项转化为优势，特别是在地缘政治、资金缺口和企业治理等方面。

如果跨越了语言障碍，中方可以轻松获得更多法方的知识和技术转让，中国企业也会更加高效，更好地满足非洲各国的需求。在合作的层面上，中法的差异反而拉近了两国在中部非洲的距离，使双方的目标更趋向一致。两国的相似点则体现了双方在特定领域优势互补的必要性。《乍得人论坛报》的一篇文章写道：

> 在法国努力追赶中国—中部非洲合作步伐的背景下，中方在非洲不断提出倡议，加大资金投入，这让法国逐渐处于不利的地位。《非洲情报》杂志曾经查阅到一份2017年12月法国外交部亚洲司起草的简报，上面以直白的方式记录了法国外交人员与科特迪瓦、中非共和国、吉布提、加蓬、马里、马达加斯加和塞内加尔等7个非洲国家驻华大使的会谈纪要，从中可以看出法国方面的这种担心。当被问及相比中国，非洲与法国合作的优势时，7位大使评价法国在非洲信贷政策的用词丝毫不留情面，包括“缓慢”“官僚主义”和“苛刻的标准”，还有“法国形象下降”“签证限制太多”等……

二　双方异同点的深层解析

从前文对中法两国在竞争与合作两个变量上的比较分析

可以确定，中国和法国在中部非洲地区的互动关系正在从竞争转向合作。与此同时我们也应当意识到，由于两国之间存在太多的利益竞争，目前这种转向还难以真正实现。换言之，中国和法国在中部非洲建立实质性的、全面的双边合作的可行性还不高，三边合作存在更大的不确定性，这不仅是因为三方之间的合作空间有限，还由于非洲国家对合作的参与程度很低。

表3－3　　问题列表

让－皮埃尔·卡贝斯坦教授	蒙扎·帕特里斯博士
1. 法国和中国的合作是双边还是三边关系？哪种类型的关系更适合中部非洲国家？为什么？ 2. 中国和法国的目标在某种程度上很容易理解，非洲国家寻求的又是什么？ 3. 非洲国家如何借助外力以从中获益？ 4. 中部非洲过去主要是由法国殖民统治。我们是否可以基于这一历史事实断定，法国在经济合作上不如中国可靠？ 5. 如果中非地区能够获得足够的技术和知识，实现自给自足，你认为当地各国还会像现在这样需要法国和中国吗？	1. 中国和法国在中非地区的某些领域存在明显的利益冲突。在积极合作的背景下，你真的认为两国关系的拉近对中部非洲有利吗？ 2. 本应于2016年在塞内加尔达喀尔召开的中国、法国和非洲三方峰会后来被推迟，你认为峰会生变的原因是什么？ 3. 中部非洲更适合与中法两国发展双边还是三边关系？为什么？ 4. 2012—2017年这段时间，三方合作似乎不是中国政府的优先选项。这种情况后来是否有所改变？如果改变了，是什么原因？ 5. 中部非洲过去主要是由法国殖民统治。我们是否可以基于这一历史事实断定，法国在经济合作上不如中国可靠？

续表

让 - 皮埃尔·卡贝斯坦教授	蒙扎·帕特里斯博士
	6. 如果中非地区能够获得足够的技术和知识，实现自给自足，你认为当地各国还会像现在这样需要法国和中国吗？ 7. 中非地区对中国和法国分别有什么印象？请从以下选项中选择两个关键词： ·合作； ·新殖民主义； ·发展； ·掠夺； ·霸权主义； ·过度负债； ·腐败； ·战争； ·竞争； ·安全； ·国际贸易。

资料来源：本书作者 2018 年整理。

为了证明上述论断，下文将阐述中国、法国及中部非洲在竞争与合作上的异同点，对所有相关数据进行分析。为此，笔者以邮件采访的形式请教了专门研究中非关系的多位专家，获取了宝贵的意见。香港浸会大学社会科学院政治与国际关系学系主任让 - 皮埃尔·卡贝斯坦教授和刚果（布）马利安·恩古瓦比大学的蒙扎·帕特里斯博士分别代表法国和非洲国家表达了各自观点。此外，笔者也尝试联系中国的贺文萍教授，但没有得到答复。本书将引用她在 2016 年 1 月 27 日于法国举办的“中国在非洲”研讨会上的发言。

双方的第一个相似点在于与中部非洲国家的合作方式，中国采取了与法国在非洲各国独立后的相同合作手段。许多案例表明，中国的跨国公司也是利用了与非洲国家政要的友好关系，在竞争中最大程度维护自身利益，例如中国与安哥拉的合作。反观法国的道达尔集团，也就是之前的埃尔夫—阿基坦公司，这家跨国集团一直对法国在加蓬和安哥拉等非洲国家的外交决策中发挥决定性作用。再看看中国企业在建筑与公共工程领域的发展经历，与 20 世纪 90 年代法国的情况非常相似，两国都采取了最简单的易货贸易形式，以基础设施建设换取自然资源。这可以说没有什么新鲜的地方，唯一变化的是中国目前财力更雄厚，可以在非洲的项目招标中轻易胜过法国。在蒂埃里·佩罗看来，中国主要的几家石油公司，如在安哥拉开展业务的中石化和中石油，其运作方式与英国石油公司、美国雪弗龙集团、法国道达尔集团、美国埃克森美孚公司、意大利埃尼集团、巴西石油公司或挪威国家石油公司等在中非市场长期经营的西方公司本质上没有什么不同。因此，最好还是不要轻易将这些外国投资者归入不同的类别。

第二个相似点在于两国的外交政策，中非合作论坛的设立应该是受到了法非峰会的启发。不同的是，中方在处理中非关系时没有法国那种颐指气使的姿态，而是向非洲国家表明在国家主权方面双方是平等的。无论非洲任何一位国家总统在国际社会的地位如何，他在中国一定比在法国受到更隆重的欢迎。黛博拉·布劳蒂加姆曾经说过，美欧在非洲谋求的利益与中国大致相同，唯一的区别在于西方人认为非洲国家更大程度上是被动的受援者，因此他们更像是对非洲国家发号施令的家长，而中国人更关心的是如何与非洲人做生意。

最后一点，凭借丰富的资源和新兴的消费市场，非洲正在成为21世纪最有吸引力的大陆，德国人、英国人、印度人、土耳其人、美国人、俄罗斯人、韩国人、马来西亚人纷至沓来，非洲大陆从来没有像今天这样有这么多的投资者。面对这番局面，中国必须保护好自己的利益。这不禁让人怀疑，中国和法国在非洲从竞争到合作的这一成功转向是否只是昙花一现？毕竟这一转向的经济风险太高了。正如蒙扎·帕特里斯博士所说，双边关系的模式更适合中部非洲国家，“中非各国应该分别处理与中国和法国的关系。一方面，它们与法国有着历史悠久而复杂的关系，另一方面，它们与中国之间建立了新的利益关系，需要在经济全球化的框架内对其妥善加以明确和界定”。两种合作模式之间的相似点也解释了为什么中国目前在非洲开始遇到曾让西方国家感到棘手的问题，如非洲国家的腐败、债务、当地民众的不满等。

中国—中非合作与法国—中非合作的第一个区别在于，中国投资能带来当地经济更明显的加速。相比之下，法国的投资未必能做到。我们当然可以从不同角度去思考这个问题，但它确实是一个事实。中国企业的到来有力地促进了非洲的经济增长。中法之间的这种区别可以用两个原因来解释：一是中国目前迫切需要把资金投向国外，二是中国从来不干涉非洲国家的内部政治事务。此外，在中法两国竞争的情况下，法国虽然损失了部分市场份额，但通过分包部分业务给中国企业来合作也能做大业绩，而且西方公司获取的利润还总是比中国公司高。相比之下，如果两国合作就要采取共同承包的模式，这不一定能给所有法国公司都带来经济上的利益，一方面因为合作的部门未必挣钱，另一方面法方将被迫与中方共享技术，不能卖大价钱。

区别之二在于中国相对于法国的资金独立性，也就是说中国拥有雄厚的资金实力，可以在任何时候接受或拒绝与法国在中部非洲开展双边或三边合作。事实上合作的想法主要来自面临资金困难的法方，因为除了语言文化等软实力不受太大影响外，法方缺乏在中非地区长期维持影响力所需要的资金，当然有时它也可以转向欧盟寻求资金支持。贺文萍教授在法国参加研讨会时也曾明确指出这一点，不过她对法国国内当前热衷于讨论这种合作也感到有些意外。她表示，无论是对于中非合作论坛，还是中国外交部或中国社会科学院等研究机构，与法国或欧洲的三方合作都不属于优先事项。

最后，针对中国和法国在中部非洲的互动关系，卡贝斯坦教授指出：

——双方的共同目标包括发展、和平与安全；法国和欧洲还有更明确的目标：在当地创造就业机会，以便尽可能地遏制向欧洲的移民潮。

——双方的竞争目标包括基础设施建设、争夺市场份额、施加文化和意识形态影响；法语使用人群；联合国机构的选票；战略竞争。

外部专家的意见帮助我们更进一步完善了分析，也让我们再次认识到中国和法国确实可以在安全和发展援助方面实现互补，但由于两国的竞争几乎遍及所有领域，在中部非洲达成全面双边合作的设想很难实现，三边合作更是受制于中法非三方之间的多重障碍无法顺利走上正轨。

第二节　三方合作视角下的中法关系

从以上深入细致的分析可以看出，中国和法国目前还没有找到一个折中点，达成与中部非洲乃至整个非洲各国的三边合作。原定于 2016 年 3 月在塞内加尔首都达喀尔举行的中法非三方首脑会议最终被取消，说明三方关系陷入了某种不为人知的“百慕大三角”区域。对此，中国和法国方面称两国在外交议程上还存在一些分歧。

从前文的阐述还可以看出法国在中部非洲各国确实占有举足轻重的地位。然而，中法双方似乎还未找到在国家层面和经济层面展开联手合作的办法。一方面，中国和法国都不愿意完全放弃将中、法、非拉到同一张桌子上的合作计划，但另一方面，两国也一直在分别推进本国与中非 9 个国家的双边合作。导致三方合作失败的原因有很多，根据前文的分析，我们认为最关键的症结还在于经济、安全和政治这三个层面。在讨论这三个根源之前，首先来看看中国、法国和中非之间开展三边对话的可行性。

一　三边合作的可行性

2014 年 6 月 16 日至 18 日，在中国外交部和中国进出口银行的支持下，法国开发署和商务投资署在北京举办了一场题为“携手中国企业开发第三方市场”的国际研讨会。中国进出口银行的一位高管在会上表示，如果将法国的技术和中国在资金、产业方面的优势结合起来，就一定能创造出多赢的结果。来自中、法、非三方的参会者在会上展示了中法两国在非洲开展合作的成功案例，其中就包括给三方带来丰厚利润的电信和运输部门。例如，中国华为公司向法国电信运营商奥兰治公司提供设备，助力其在多个非洲国家发展业务；中国南车集团南京浦镇车辆有限公司向法国波洛莱集团旗下的喀麦隆铁路公司交付总价值达 117 亿非洲法郎的铁路客车，用于喀麦隆铁路的现代化建设。卡贝斯坦教授也提到，基于此前在乌干达卡鲁马、加纳布伊和科特迪瓦苏布雷等水电项目上与中国水利水电建设股份有限公司的成功合作，法国阿尔斯通公司非常看好与中国铁路公司在非洲展开合作。

在某种程度上，中国、法国和非洲之间建立三方合作的前景还是有着令人乐观的一面。法国前总理让·皮埃尔·拉法兰（Jean-Pierre Raffarin）曾多次参加中法经贸会谈活动，明确指出中法在多个领域都存在这种迫切需求。就可行性而言，建立公平的三边关系仍存在着许多挑战。

目前来看，中国和法国至少在以下三个重要方面还没有达成一致，导致三边合作难以实现。第一，双方过于强调政治对话的途径。政府本来应该只起到牵线搭桥的作用，让企业之间直接开展面对面合作。两国都倾向优先考虑经济合作，忽略了三边合作的需求是多层面的，而实际上在经济全球化的大背景下，非洲的需求非常广泛。换言之，双方展现出来的外交意愿与合作中寻求的目标并不一致。第二，有太多的政策需要三方专家结合严谨的实地调研提出指导方案，以便在电信、运输、农业、教育、绿色能源、卫生和服务等新兴增长领域开展合作。第三，三方不同层面的主体之间缺乏信任。非洲人仍然对中国和法国的企业缺乏信任，而法国的中小企业不仅担心自己的技术诀窍被无偿使用，还担心面对政府财政支持下的中国企业自己会毫无招架之力。

实施合作战略需要很长的周期，还需要在各种协议之间推动若干程序，后面这一点中非双方更是深有体会。一般而言，法国人重视细节，中国人更务实，讲究效率。当中国人拿到足够资金的时候，就会像当年从前线发回捷报的恺撒大帝一样，迅速席卷整个市场，当然最终的结果有好有坏。近来法国人的姿态已有所改变，但不得不承认，他们来到非洲的时候往往摆出一副救世主的面孔，带着显而易见的傲慢，这样当然很难找到真正的合作伙伴。因此非洲人更喜欢与中国人合作，这就不足为奇了。2015 年，第六届中非合作论坛约翰内斯堡峰会在南非行政首都比勒陀利亚举行，主题是"中非携手并进：合作共赢、共同发展"；2018 年，第七届中非合作论坛北京峰会举行，主题为"合作共赢，携手构建更加紧密的中非命运共同体"。虽然中法两国关系在不断拉近，但法国作为一个发达国家，在中非合作涉及的多数议题中没有参与的空间。在三边合作方面，中国可能会更倾向于优先考虑金砖国家。中国非洲研究院贺文萍教授撰文指出，非洲国家与中国合作时，也更倾向于双边合作，比如由中国财政部资助的中非联合研究交流计划。

在详细分析中国、法国和中非各国开展三边合作面临的主要困难前，我们先借用卡贝斯坦教授在接受独家采访时的观点作为总结。前文已在表 3－3 列出采访提出的问题：法国和中国的合作是双边还是三边关系？哪种类型的关系最适合中部非洲国家？为什么？针对这些问题，卡贝斯特教授给出了清晰明确的回答：

> 正如我在文章中所写的那样，总体而言，对非洲来说，最好的情况是它的主要合作伙伴之间互有区别、

相互竞争，这能让非洲国家在合作上有更多选择的余地，能在一定程度上修正其与大多数外部伙伴的不对称关系，当然，尼日利亚和南非不在此列，非洲国家与中国和美国的合作也是例外。这么说并不排除各国企业和政府在一些特定项目上开展合作的可能性，比如在面对粮食危机、战争、恐怖主义威胁等情况时，非洲大陆的主要合作国家当然可以也应该互相合作，如已经实现的联合国马里多层面综合稳定特派团，萨赫勒五国集团等。但总体而言，中国和法国是经济，政治，乃至地缘战略的竞争对手：经济上，双方企业都想争取到同一份合同，占领同一个市场；政治上，双方在价值观和经济发展模式方面存在意识形态方面的竞争，甚至在武器销售和军事训练方面也存在竞争。还有一点也不能忽略，由于美国和中国之间的战略竞争日益加剧，法国作为美国的盟友自然也无法置身事外，更不用说法国与美国在非洲本土，尤其是在萨赫勒地区还有很多合作。我们不应该回避这个事实，最好的办法是在正视现实的基础上看看能与中国，特别是与中国的民营企业，一起做些什么。

二　三边合作面临的困难

中国、法国和非洲，特别是和中部非洲各国之间为何难以建立三边关系？其中一个经常被忽略的原因在于学术界对三边议题缺乏兴趣，相比之下学者们更倾向将双边合作作为研究对象。非洲学界由于科研资金缺口较大，目前仅有为数不多的学者在独立开展三边合作问题的研究；在法国学术界，尽管三边关系的研究课题变得越来越重要，但它受到的外界关注却很少；在中国，从事非洲研究的机构数量远远不够，难以满足对这个包含 54 个国家的大陆开展专门研究的需求，而非洲大陆的每个角落都有自身独特的经济、政治和社会文化特征。

早在 2008 年，中国只有一所研究非洲的学术机构，根本无法满足对所有非洲国家开展区域研究的需要。一些中国和法国的知名学者虽然也发表了一些相关的学术成果，而且经常开展合作研究中非关系，但他们的投入依然不足，影响力有限。除了学界自身存在的问题，中国、法国、中非在尝试建立三边合作时也遇到了一些障碍。

在经济方面，值得注意的是，相比企业，中法两国政府的合作意向更明确，但当地的现实往往离双方既定的目标还有很大的差距。如前文分析，只有当双方利益一致时，大部分中国和法国的企业才会开展合作，而在多数情况下竞争才是它们之间关系的常态。就两国的私营企业而言，由于不能确保拟议的合作部门带来可观的利润，断言他们会服从政府的倡议开展合作还为时尚早，在政府和企业之间达成一致还需要更多的时间。我们可以总结出中法两国在非洲开展第三方市场合作方面存在的症结：一方面，很多情况下两国只是在政治意愿上达成了一致，而在经济利益上还存在较大分歧；另一方面，多数中国和法国企业只有在确保能做成更多生意时才会达成合作意向。这就是摆在我们面前的现实，很难想象让两国政府给所有参与机构设定一致的行为规范。因此，三方合作成功与否更多还是取决于各方彼此心态的调整，否则，两国在某些非洲国家已经白热化的竞争可能还会进一步加剧。

此外，非洲国家担心在三边关系中处于弱势地位，因而缺少推动合作的意愿。

在安全方面，中国国防部与法国国防部在非洲问题上没有任何直接的双边合作。不可否认的是，中国曾多次帮助法国在非洲开展军事行动，如 2013—2014 年法国发起的“新月沙丘”行动和“薮猫行动”，但这些都是在联合国监督下展开的行动。法国当然可以选择与中国开展维和行动方面的合作，对两国来说，这是双赢的结果，但我们认为，法国在军事合作上还是会优先考虑其他欧洲国家、美国以及日本。从非洲国家的角度来看，不是所有人都乐意看到他国在非洲频繁开展军事行动，建立大量军事基地，毕竟殖民历史造成的痛苦和积恨短时间内还难以消除。非洲国家并不想看到中国和法国在自己的土地上加强军事合作，但面对恐怖主义、人口贩卖和国内冲突的威胁，他们目前也别无选择。可以设想，一旦非洲国家能够自己解决自身的安全问题，很难说他们还会愿意让中法两国继续参与更多的非洲事务以及开展三边合作了。美国布鲁金斯学会研究员孙云撰文指出：

> 中国著名非洲问题专家贺文萍强调，法国打着“打击恐怖主义”的旗号干预马里内部事务，而马里的地方反对派别并非都是恐怖分子。中方认为这一点特别令人担忧，因为这种做法会导致借“打击恐怖主义”的合法名分，为外国干预主权国家的内战提供借口。中国政府认为这是对中国外交政策基石——不干涉原则的危险挑战。

在政治方面，虽然中国政府也有意考虑法国方面提出的合作建议，但和非洲国家一样，中国更愿意采取不容易受外界影响的双边合作模式。中国和法国签署的第三方市场协议无疑是迈向三边合作的重要一步，但从名称上就可以看出，第三方市场合作就是中国和法国联合起来，更好地从非洲市场获利。而要做到这一点，今天的中国不一定需要法国。如果非洲人自己提不出能促进经济增长的合作部门，继续当听话的乖学生，中、法、非之间就不可能建立起平等的三边合作，至少目前还做不到，因为法国总统马克龙更倾向于继续将对非外交政策的重点放在发展援助上。出于国家形象的考虑，相当一部分法国政治精英也不愿意与中国联合，他们认为，从长远来看，这可能会损害在中部非洲经营的法国公司的口碑。从中国的外交政策实践来看，中国政府表现得很有耐心，更愿意将中法合作有条不紊地纳入“一带一路”倡议的框架，而不是一种弱不禁风的三边关系。

总而言之，中国和法国在与中部非洲合作时没必要受限于三边关系的模式。法国记者勒贝尔齐克（Sebastien Lebelzic）在《世界报》上的文章写道：

> 一年前马克龙总统访华期间，非洲问题被列入双方会谈的重要议题。但从那时起，除了中国明确表示支持萨赫勒五国集团和法国的反恐行动之外，在经济方面，双方的谈判没有任何进展。中国人民大学欧洲研究中心的王义桅教授表示，“中国和法国在非洲的关系显然有竞争的一面，有时甚至是在互相争夺利益。中国在非洲尤其是在前法属殖民地国家的投入对法国的影响力构成了威胁。中国政府的目标之一是获得法国对“一带一路”的支持，这个倡议在很大程度上与非洲密切相关。”但法国至今没有明确表示支持“一带一路”倡议，反而还呼吁中国应该平衡对外关系。

我们无从知晓法国是否真的寻求更平衡的合作关系，虽然有些学者已经过早地将它界定为三边合作关系。以非洲目前的欠发达状态，在非对称关系中都已成为输家，在平衡的三方合作中更难有胜出的机会。正如卡贝斯坦教授在采访中所说，中法两国完全不需要三方模式就可以在中部非洲各国展开合作。而即使前文提到的各种困难和问题都得到了解决，非洲国家自身也要创造出经济、政治、社会和文化发展需要的有利环境，以更好地受益于双边或三边合作，因此下一章我们就将着重探讨中部非洲如何在对外合作中实现更稳定的发展。

第四章

中部非洲的战略选择

第一节　以中部非洲为中心的三边关系

通过前两章对中部非洲与中法两国开展双边或三边合作的新趋势分析，我们可以得出以下两个结论：一方面，非洲各国对于殖民时代的经历依然心有芥蒂，不愿意过多参与双边或三边合作。考虑到目前非洲在国际权力体系中的弱势地位，这一点完全可以理解。另一方面，非洲国家还没有准备好相应的政策议程，可能错失当下的合作良机，最终一无所获，令人倍感遗憾。前文已经从中国和法国的角度探讨了两国与中部非洲各国的关系。本章将改变视角，围绕中部非洲展开分析。首先，针对如何建立中、法、中部非洲之间的三边合作问题，我们认为最好的办法是把发言权交给中非各国。其次，无论是竞争还是合作，重要的是要从非洲整体的角度分析这一问题，而且要分别评价中国和法国在中非地区的影响。

国际知名民调机构“非洲晴雨表”是一家独立的泛非洲研

究机构，专门针对民主、政治治理和经济发展等议题开展非洲民意调查，该机构的定量研究为我们的论证提供了可靠的参考依据。本书主要引用“非洲晴雨表”的第六轮调查数据，范围覆盖36个非洲国家，调查对象包括54000名非洲公民。总的来说，尽管包括东西方国家在内的国际社会对中国与非洲的合作有各种非议和炒作，但我们从调查的图表中可以看出，2014—2015年，在63%的调查对象国，即超过四分之三的非洲人认为，中国的经济和政治活动对非洲大陆有“一定程度”甚至“极强”的积极影响。下文将着重关注中非地区的调查情况。

问题1：您认为以下哪个国家对贵国的影响最大?

针对这一问题，中部非洲有55%的受访者认为法国作为主要前殖民地宗主国有着强大的外部影响力，只有16%的受访者的选项是中国，排在第二位。考虑到中国在该地区活跃度的提升还是近几年的事情，看起来不高的投票比例实际上是一个不错的成绩。以上这些数据表明，未来法国对其前殖民地国家的外部影响还会持续存在，但可能会因为中国影响力的上升被相应削弱。

问题2：“您认为哪个国家有可能成为贵国未来借鉴的最佳发展模式?”

就这一问题，中部非洲有35%的受访者回答是中国模式，选择法国模式的受访者占27%，位居第二。两个数据看起来差距并不大，但考虑到法国在该地区的长期耕耘，这个结果对法国来说并不理想。这表明未来非洲将与中国建立更多的合作关系，但法国是非洲各国重要发展伙伴的事实也不会轻易改变。

一 中部非洲国家的缺位

“非洲晴雨表”的统计数据首先说明了一个事实，即多数中非地区的民众并不想和法国共同开展三边合作，因为他们无法容忍前殖民宗主国改换门庭后重新骑在自己的脖子上，更不可能换作是另外一个国家。总体而言，非洲国家的民意对法国在当地的影响并非总是正面的评价，认为“三人行”式的合作可能会影响中非国家的自主决策。另外还有一点也值得注意，非洲国家对法国外交政策始终颇有微词，其中法国前总统尼古拉·萨科齐（Nicolas Sarkozy）任期内的对非政策多次引发非洲人的不满，他在刚刚上任时的几次对非发言更是成为争议的焦点，在访问马里首都巴马科时他甚至放言“法国不需要非洲”。要想与其他国家建立良好的自由合作关系，重点在于尊重对方，诚邀对方共同商议合作，无论是大国还是小国，这是合作的重要基础。走进中国人开的商店，卖家会礼貌地敬上一杯茶，然后才开始谈生意；而走进法国人的商店，他会先将你从头到脚打量一番，问你是否有钱支付货款。中部非洲国家的多数人不乐意与法方合作，一方面源于过去的殖民历史和法国人傲慢的态度，另一方面，法国频繁的政治干预也在当地一些国家产生了负面影响，造成了多方面的不稳定。当地民众只想在和平中求发展，重获在国际舞台上失去的自豪感。

中国人是中部非洲地区的新来者，而任何新事物都会带来一定的兴奋感。中国企业的到来象征着新的希望，随之而来的将会是商机、投资、基础设施建设等。但就像对法国一样，中非地区的一部分人对与中国合作的兴趣正在被时间逐渐冲淡。另一个原因则是，中非地区自然资源丰富，当地人害怕中国人会像非洲刚刚独立时的法国人一样大肆掠夺资源。因此，国家领导人关注的需求并不一定和普通老百姓一致。为了避免出现最糟糕的情况出现，首先中方应当重视非洲各国民间社会的诉求，否则，将来在处理中部非洲的问题上可能会比法国遇到更多麻烦。另外，中方需要明白一个道理，即无论初衷有多美好，在没有被政策惠及的民众眼里，只要是与当地腐败官员的合作，都会成为当地人诟病的话柄。当前非洲的政局仍然极不稳定而且难以预测，权力平衡极易被打破，西亚北非政治动荡就是一个教训。其次，中国和非洲各国需要消除各种偏见，可以从居住在中非地区的中国侨民着手。这些人习惯于自我封闭，很少吃当地的食物，只在谈生意的时候才和非洲朋友出去喝杯啤酒，而这远远算不上真正的友谊。比如，在刚果共和国首都布拉柴维尔，中国人租住的社区安保措施齐全，与当地居民界限分明。不管是工人、工程师，还是管理人员，双方在各个层面难以融合。设身处地考虑，如果中国人希望让非洲人对中国的语言和文化产生更多兴趣，他们就应该率先主动去了解当地的文化。总之，中国和法国希望在中部非洲开展的合作与中部非洲国家所期待的目标之间存在一定落差。

二　政策议程的缺位

中非国家在双边或三边合作中的缺位还有另一个原因：这些国家相互之间不团结，特别是缺乏战略意识和全球视野，没有专门制定针对中国、法国或其他在非洲投资国家的外交政策，难以形成长期协调的国际和区域性政策议程。中非各国政府应当意识到，他们可以借助在联合国的投票权以及民间社会力量来改善与其他大陆之间的不对等关系。如果不能在这方面及时形成决议，非洲国家有可能错过21世纪的机遇，难以成为继亚洲之后世界经济发展的新动力。非洲各国缺乏主动进取损害的将是子孙后代的利益，这与宗教历来把一切命运都交给上帝的做法别无二致。上帝虽然也善待虔诚祈祷的人，但会更眷顾那些辛苦付出的人。中国已经觉醒壮大，有些非洲国家却似乎还想继续沉睡下去。我们认为要想改变当前这种局面，必须从三个方面着手。

非洲联盟是非洲大陆最大的国际性组织，由它牵头实施的改革，所有成员国都必须遵守，所以我们建议改革要依靠非洲人自己，也是为了非洲人自己。

第一，所有非洲国家都必须在地方治理和国际贸易层面切实展开反腐斗争。只要行贿之风持续存在，发展成果必定大打折扣。

第二，所有非洲国家都必须整顿公共财政。各国政府要为子孙后代考虑，学会勤俭持家，避免在资源价格较低时过度消耗，从思想上入手防范金融危机和社会内乱带来的致命后果，因为非洲各国的和平稳定局面才是吸引更多外来投资者的保证。

第三，将那些不能给地方带来足够财富的国有部门私有化。与此同时，国家必须改善营商环境，简化税收和海关方面的法律规定，要做到不分大小，为所有企业创造同样公平的条件。

第二节　针对中部非洲的建议

在上述三大改革方向的基础上，本节将针对中部非洲的发展提出五条具体实施建议：

第一，9 个中非国家的外交官和政要应当共同商议推进区域合作。虽然中非国家与中法两国的三边合作目前还难以实现，但我们认为，中非国家的经济发展水平大致相同、现实情况相似，他们之间完全具备开展多边合作的条件。为了更快实现主要的发展目标，本地区的大型区域组织，如中部非洲国家经济共同体、中部非洲经济和货币共同体，以及各个小型区域组织都应当同心协力，积极参与。中非国家可以邀请非洲联盟派出观察员帮助拟定最适合外商投资的行业和领域，让中国和法国在某些领域保持竞争关系，同时分别协调与两国的双边合作，确保他们不会签署损害该地区未来发展的合同。国际非政府组织“透明国际”的非洲协调员卢卡斯·奥洛·费尔南德斯（Lucas Olo Fernandes）透露，腐败每年给非洲国家造成的损失可能高达500亿美元。腐败现象本身难以根除，但可以通过努力加以遏制。为此，我们建议成立一个国际发展委员会，在每个国家设立分支机构，专门监督与中国和法国的金融交易往来账目。这项措施的困难在于各国轻易不愿意披露关于对外经济交易的数据。

第二，建立中部非洲国家共同发展基金，为高度依赖原材料出口和受国际金融市场波动风险影响较大的国家提供资金支持。基金可以采取三边合作的形式，从国家、区域和非洲大陆三个层面发挥作用。以中国与非洲之间的合作为例，中方的这种多层合作机制组织运作井然有序，确保了双方在非洲的每一次合作都能取得成功。从最高层次的集体对话机制——中非合作论坛，到省级单位，再到中央各部委下属部门，如中国外交部非洲司、中国商务部西亚非洲司、中国商务部对外援助司（现为国家国际发展合作署）等，各级部门统筹协调，在中非合作中发挥了重要作用。为什么中部非洲国家不借鉴这个模式呢？

第三，中部非洲的经济学家应该制定出更符合当地实际情况的发展模式。亚洲新兴工业化国家的成功经验对非洲国家有一定的借鉴意义，但生搬硬套肯定行不通。塞内加尔前总统阿卜杜拉耶·韦德（Abdoulaye Wade）曾经断言：“欧洲投资者和捐助者以及非政府组织行动迟缓，有时还会态度倨傲，与他们的后殖民主义做派相比，中国的解决方案显然更符合非洲的需求。”一些知名经济学家的研究也为中非发展模式提供了理论依据。首先，我们可以从日本经济学家赤松要的“雁型产业发展形态说”中得到一些启发，该理论以“工业产业化”模型为基础，旨在强调从弱势产业出发创造更大规模的发展，从而推动该地区逐步实现工业化，但风险在于可能导致区域间的不平衡扩大。其次，刚果学者朱利安·博基罗曾经指出，“对外开放战略或外向型战略强调以国外市场为导向组织生产活动，在外向型战略的指导下，发展中国家可以出口加工产品而不是初级产品，还可以吸引外国资本，通过直接投资加快技术转让”。外向型经济模式也包含潜在的风险，如过度依赖国外技术，资源浪费以及金融市场危机。总之，需要充分考虑南方国家政治、文化、经济和地理的特征，以及各自的优势和不足，推广已经获得成功的经验，也可以邀请每个国家积极分享各自的发展经验，激励其他合作伙伴奋力前行。应当培养健康的区域竞争文化，不要总是依靠外国的援助。喀麦隆的农业已经通过努力实现了粮食的自给自足，它的发展经验就是一个很好的例子，可以帮助其他国家实现经济多样化和自由化。这些国家本身也拥有丰富的自然资源，不受地理位置隔绝的限制。中部非洲各国需要打破埋头消费的恶性循环，向生产型经济转变。背后的逻辑其实很简单，试想一下：一个非洲人以极低的价格将原木卖给一家在当地经营的外国企业，几个星期后，他支付了高价机票飞往欧洲或亚洲某国，在当地商店购买豪华家具后，再向欧洲或亚洲的货运公司支付运费把家具从当地运回非洲，回国之后他还为此次旅行和购得的商品沾沾自喜。在这个故事里，一个是出售原木的人，另一个是以低价购入原木，然后将其加工后再以高价出售的人，谁的买卖更划算？答案显而易见。非洲人必须学会在本土加工原材料，提升产品的附加值，这不仅关乎一个国家或地区的民族自豪感，而且可以提高原材料的利润，从而改善非洲民众的生活条件。在确保加工产品符合国际生产标准后，还需要在中国和法国打开产品销路。但说实话，以笔者在武汉近 6 年的生活经历来看，在当地的大型超市里从来没见过一件来自中部非洲国家的商品，这不能不说是一件非常令人遗憾的事情。

第四，非洲各国政府应优先考虑与中国和法国签订能提供尽可能多技术转让和输入最少劳动力的合同，前者能提高当地管理人员的技术水平，后者可以降低失业率。就像一个住在河边的人，与其天天去市场买鱼，还不如潜心学习掌握钓鱼的技术。在不拒绝外部帮助的情况下，中部非洲应该尽可能地寻求独立。在独立自主的同时还要控制好本地区人口的增长，因为只有转化为熟练劳动力，庞大的人口才能成为优势。相反，如果年轻人都失学失业，众多的人口只会成为社会经济发展的阻碍，这种情况已经给非洲社会造成了严重的不良后果。在中部非洲 9 个国家开展的调查显示，犯罪现象正变得日益严重，每个城市都有青年犯罪团伙的踪迹，他们为所欲为，甚至不惜挑战当地的权力机关。

第五，应当加大对非洲国家在学术和科研方面的支持力度，有相当一部分人才资源没有得到合理利用。非洲国家同样应该学习他国行之有效的方法，比如在中国，政府经常资助科学家和研究人员，获取关于非洲的专家建议和专业知识。法国政府也是如此。难怪大家会感叹说非洲以外的人往往比非洲人自己更了解非洲的情况，而且非洲人往往是最后才了解自己生活的这片土地，对自身情况缺乏足够关注。这种态度必须改变，因为无知是一种长期的威胁。英国思想家培根早有箴言，“知识就是力量”。为此，中非9国应当打破藩篱，共同出资建设智囊团或智库，让其针对不同地区提供更专业的建议。在研究人员的构成上，必须由非洲联盟出面挑选，而不是由各国自行决定，基于研究者个人的爱国精神和研究工作的质量做出评估。除此以外，还应该赋予这些研究者外交豁免权，保证其在区域内的行动自由和人身安全。只有这样才能有效避免利益冲突，入选的研究人员也能够基于民众和整个地区的利益自由表达观点，不受各自国家的影响。最后，有必要组建一支专门研究中国的专业团队，可以优先考虑由对中国友好的非洲学者构成。同样，针对法国的研究也选择亲法的非洲专家。通过促进学术机构之间的交流，可以加强会说汉语和法语的非洲研究人员与对象国学者的沟通，使各方都在文化、科学和经济等领域受益匪浅。

综上所述，中部非洲各国必须拟订方案并采取行动，不能继续盲目追随接受来自国外的一切，罔顾非洲大陆的自身利益。在中非合作论坛或法非峰会等国际平台上，中部非洲必须加强协调组织工作，制定明确的区域政策议程。但如果条件暂时不允许，我们建议中非的政治家们保持双边合作的模式，不要贸然加入三边合作。如果上述建议的各个关键节点能够得到落实，建立真正的三边对话机制，非洲方面也能获得更多的话语权，则中部非洲仍有望与中国和法国开展三边合作。以上就是我们建议的关于中部非洲乃至整个非洲如何通过双边或三边合作摆脱贫困、开辟自身发展道路的路径。

第五章

结　　语

从 2013 年到 2015 年的短短三年间，中法两国的双边往来进一步加强，外交关系的升温也进一步拉近了两国关系。从历史和经济角度来看，中国和法国在中部非洲的自然资源开发方面一直存在竞争关系。为了保证在当地持续获得稳定的收益，维护区域的和平和保护本国侨民的安全是头等大事。法国从殖民时期就开始在非洲打下稳固的根基，在当地拥有强大的政治、军事、经济和文化影响力，它的主要短板在于缺乏资金。近 15 年来，中国加强了与非洲大陆的联系，开辟了广阔的市场。随着投资的逐年增加，其影响力在多个方面不断向法国提出挑战。但相比之下，中国在不同层面的经验仍有欠缺。基于此，中国和法国决定在中部非洲开启两国关系的新篇章，通过优势互补满足各自需求。

2014 年，中法双方决定开创紧密持久的全面战略伙伴关系新时代。次年，两国政府又签署了关于第三方市场合作的联合声明。此后，学术界涌现了大量关于中国和法国在中部非洲由竞争转向合作的理论研究。三个经济体产生互动让我们很自然会想到三边合作的可能性。然而，尽管中法两国不断加强双边合作，开展包括中部非洲在内的新型三边关系仍然面临着许多阻碍。通过检索整理各种新旧数据，采用比较和定性的方法进行分析后，我们发现中国和法国企业之间在中部非洲开展合作的机会微乎其微。梳理对比两国在经济、外交、地缘战略和文化等关键领域的国家利益，双方互动关系中的竞争因素显然远多于合作因素，多数情况下利益分歧仍然严重。

随着媒体对两国交往的关注度不断提升，传递出两国间合作势头正猛的信号。但在发表外交声明之后，媒体的关注度又重归平静。从现实政治的角度出发，中国和法国只是暂时达成了一致，并没有真正为在非洲建立平等伙伴关系做好长远准备。两国在中部非洲有着相同的目标，这也会导致双方产生竞争，但这种竞争还没有上升到敌对关系的程度。因此，两国决定联手合作还是为了更好地打入越来越有吸引力的非洲市场。如果在某些领域两国之间还不具备必不可少的互补性，他们就不会签署任何涉及非洲的合作协议。一方面，中方一直在强调不需要其他国家的帮助也能在非洲立足，中国在非洲的成功也证明了这一点。在三边合作的问题上，中国更愿意选择金砖国家作为合作伙伴。另一方面，一心想在非洲单打独斗的法国人目前却最需要中国的帮助，因为他们不仅缺乏资金，而且正在逐渐失去原有的影响力。相比之下，在三边合作的事情上，法国更愿意与其他欧洲大国和美国合作。除此以外，中法两国的政府运行机制也有很大不同。在中国，除中央政府外，省级行政单位和其他行政机构也拥有大小不同的实权。在缺少固定规则的情况下，一方面是中国灵活机动的体制，另一方面是法国相对死板的体制，双方制度性的差异给合作带来了困难。在合作方面，中国中央政府和地方政府之间的权力关系令人难以捉摸。2005 年 10 月 27—28 日于湖北省武汉市举行的首届中法地方政府合作高层论坛就是一个例子。此次会议旨在促进两国之间的地方合作，重点是双方都看好的城市规划与建设领域，最后关头却在技术层面上遇到了难题：对口单位难以匹配，权力错位，中央政府和地方政府分权差异太大，等等。

综上所述，我们认为，未来中国和法国在中部非洲的互动关系将从竞争转向合作，但合作将仅限于安全、人道主义援助和发展援助等领域，与其说两国开展的是国际合作，不如说是国家间的互助行为。如果要想实现与非洲国家的三边合作，中法两国务必确保外交政策保持同步，企业之间也必须步调一致，包括私营和国有企业，共同努力开启合作之路。为此，应当让中部非洲各国也掌握话语权，主动明确能够确保其经济增长的领域。换句话说，应当重视解决非洲在发展不平等方面存在的问题，让中法非三方在共同事务上拥有同等的决策权。欧洲学院欧洲—中国研究中心研究员安娜・卡塔琳娜・斯塔尔（Anna Katharina Stahl）在一份关于三边关系的研究中把合作范围扩大到了欧盟，她认为："欧盟能否与中国和非洲建立平等伙伴关系是实现三边对话的关键。"总之，为了实现三边合作，需要更多的耐心和面对面的沟通。中部非洲各国不应对此报以过多幻想，应首先努力解决其内部问题，如腐败、债务、恐怖主义、人口贩卖、武器扩散、民主、公共财政、爱国主义、教育等。这是非洲国家自己的问题，没有人会比非洲人自己解决得更好，不管是现在还是将来，非洲的发展始终都是非洲人自己的责任。非洲的外交官们应该更关注与中国和法国分别开展双边合作，而不是被被动拉入一种从长远来看对非洲并没有好处的中法非三角关系，但这并不意味着非洲要拒绝与中国或法国进行合作。

2019 年 3 月 11—14 日，法国总统马克龙在最近一次非洲之行中访问了吉布提、埃塞俄比亚、肯尼亚三国。一名记者向肯尼亚总统乌胡鲁·肯雅塔（Uhuru Kenyatta）问到，中国和法国对肯尼亚的贡献有何不同？肯尼亚总统的回答十分睿智。他说，苹果和橘子都是很好的水果，但我们不能拿两者互相比较，而是应该充分享受它们带来的好处。只要认同非洲大陆是国际社会的一部分，就应该摒弃非洲可以独善其身的错误想法。非洲民众不必执着于对各种殖民主义和种族主义的怨恨，应该更多地关注自身发展的机会。为了发展致富，就连世界上最强大的国家也不惜对外负债。我们认为，当前更需要在非洲各国、各地区以及非洲大陆和区域层面的机构之间建立三边关系，为整个非洲大陆创造更多的发展空间。随着新的投资者，如印度、土耳其等国的到来，加上老牌投资者如日本和德国的回归，非洲大陆的最佳发展战略是让所有这些投资国相互竞争，以便从中寻找最佳的机会。归根结底，中部非洲需要中国和法国的投资，但更需要一个具体的外交政策来处理与新老合作伙伴之间的各种关系。抛开非洲大陆多民族的一面，我们面对的下一个问题是：如何制定非洲区域和整个大陆层面的外交政策以应对21 世纪的全球挑战？在此，我们引用刚果的一句谚语作为本书的结束语："一根手指洗不了一张脸。"如果没有统一的外交政策，所谓"充满希望的非洲大陆"只能是一个虚无缥缈的空中楼阁。